前往軍艦島

軍艦島に行く——

●日本最後の絶景

前言

登上軍艦島（端島）。
接受烈日曝曬和吹亂髮絲的海風洗禮，
猛然映入眼前的是至今曾在照片或影像上看到的巨大廢墟群。
此時，切身感受到這裡十足就是個異樣空間。

而且，讓人逐漸分不清這座島是存在於過去抑或是未來……
這種奇妙的感覺隨著每次的拜訪而越顯深刻。這就是軍艦島所擁有的魔力吧！

這幾年，拜訪軍艦島的觀光客中，最引人注意的是女性旅客的身影。
沒有先入之見的女性能夠拜訪這素有「廢墟迷聖地」之稱的軍艦島，
是因為真切感受到這股魔力吧！

再加上近年來，到高島和池島拜訪的觀光客也日益增多。
這和因想更加深入了解明治時代以來急遽發展的煤炭產業有關。
在這樣的趨勢中，相較於至今出版過的軍艦島相關書籍，本書另闢專頁介紹高島和池島。

說也奇怪，這麼一來正好讓深受軍艦島魔力吸引的人們，更加了解島嶼的存在意義。
本書是為初次到訪的人們而編寫，並且希望他們能夠再度造訪。
我們期望將來您能於旅行時順手帶上這本書。

從長崎市大籠町看出去的夕陽。晴天以望遠鏡拍攝。

目錄 catalogue

p32以外所有攝影 酒井透
p12／p46／p54／p76／p80／p98／p106 撰文 酒井透

夕陽和產業遺產

在春、秋時節，天氣晴朗的情況下，說不定可以從長崎市黑濱町拍得此張傑作。

但你必須使用望遠鏡頭。

晴朗的傍晚從長崎市池島町的池島港拍攝。

當然一定要有望遠鏡頭。

僅只 200 公尺
之隔的異空間

觀光所見的軍艦島

一見到眼前已成廢墟的建築物，
與其說是過去的遺跡，
更讓人有種「這就在不遠的未來吧！」
這樣的錯覺。

軍艦島（端島）在1890年（明治23年）被開發成海底煤礦島，並於1960年（昭和35年）達到興盛期，煤礦在當時成為日本的高度經濟成長來源。在島上有生活所需的居住設施、醫院、學校、超市和電影院等活動，也會舉辦祭典和運動會等。想當然，整座島是個生命共同體。

但是，因政府的能源轉換政策，於1974年（昭和49年）關閉礦場，遷離所有島上居民。

軍艦島終於在不久後成為廢墟，面臨被徹底遺忘的命運。不過，因為體認到產業遺產的價值，從2009年（平成21年）起可用參觀名義登上島嶼。2014年，日本政府向聯合國教科文組織（UNESCO）申請登錄為世界文化遺產。2015年7月確定登錄為世界文化遺產。

軍艦島（長崎縣長崎市端島）為「明治日本的工業革命遺產─九州、山口及相關地區」的資產內容之一，名列聯合國教科文組織（UNESCO）的世界文化遺產名單，島上至今仍留有許多該地曾經出產煤礦的遺跡。

現在，在軍艦島的東部地區，有著曾為了把自海底深處挖掘出的煤炭製成煤製品的選碳設備和儲煤場等遺跡。另外，在西部地區，林立著礦坑工作的礦工們及其家人生活的住宅。

曾在軍艦島持續作業的端島煤礦於1974年1月15號關閉。接著，在三個月後的4月20號，全部居民遷離島上，頓成無人島。島上的煤礦正式名稱為「三菱煤炭礦業股份有限公司─高島礦業所端島礦場」。

關閉礦坑時，軍艦島的土地為三菱材料所持有。這些土地在2001年無條件轉讓給高島町，之後，於2005年因高島町併入長崎市，由長崎市繼承其土地所有權。長崎市於2009年在軍艦島的東部地區，設立約220公尺的觀光遊覽步道，以便觀光客登島。之後，軍艦島成為和大

浦天主堂、出津教會堂等教會齊名的長崎觀光景點。

從這條觀光步道可以看到，使用天川（註：黏貼天草陶石的接著劑）建造而成的初期堤防、明治時代建造的第三豎坑捲座遺跡、日本最古老的鋼筋混凝土公寓30號棟（建於1916年）等。使用天川建造的初期堤防和第三豎坑捲座遺跡，同時也是世界文化遺產之一。

三菱財團的第二代總裁岩崎彌之助（1851～1908），從1890年起正式開採端島煤礦。岩崎彌之助是三菱財團的創辦人兼第一代總裁岩崎彌太郎（1835～1885）的弟弟。軍艦島（端島）在之後的一百多年，成為三菱集團的私有土地。

過去，從軍艦島周圍和三瀨海底深處生產的煤炭（焦煤），是發熱量高、含硫量低的優質品。這裡的煤炭被運往新日鐵八幡工廠等地，成為煉鐵所需之原料炭。在八幡工廠等處煉成的鐵是製作工業製品等的素材，為日本的近代化帶來莫大貢獻。

04

06

07

基於安全考量，
無法參觀整座島嶼，
不過，從登島的瞬間起，
就能感受到乘坐時空膠囊，
被帶往異次元的氛圍。

❶從第三參觀區看出去的景象，中間為30號棟 ❷從第一參觀區看出去的景象，前方的大型建築物是坑道口原煤倉 ❸從海豚棧橋看出去，以天川工法蓋成的建築物 ❹第二參觀區付近的海底水管進出口 ❺從第一參觀區看出去，最頂端是儲水槽 ❻可以看到損壞的老舊屋方 ❼從第一參觀區看出去的景色，高處為第二豎坑棧橋入口 ❽

《進擊的巨人》外景拍攝地點巡禮

今夏上映，《進擊的巨人》真人版電影的外景拍攝地點就在這裡！

2015年暑假上映的《進擊的巨人》真人版電影，導演為《日本沉沒》的樋口真嗣。男主角艾連、女主角米卡莎分別由三浦春馬和水原希子飾演。

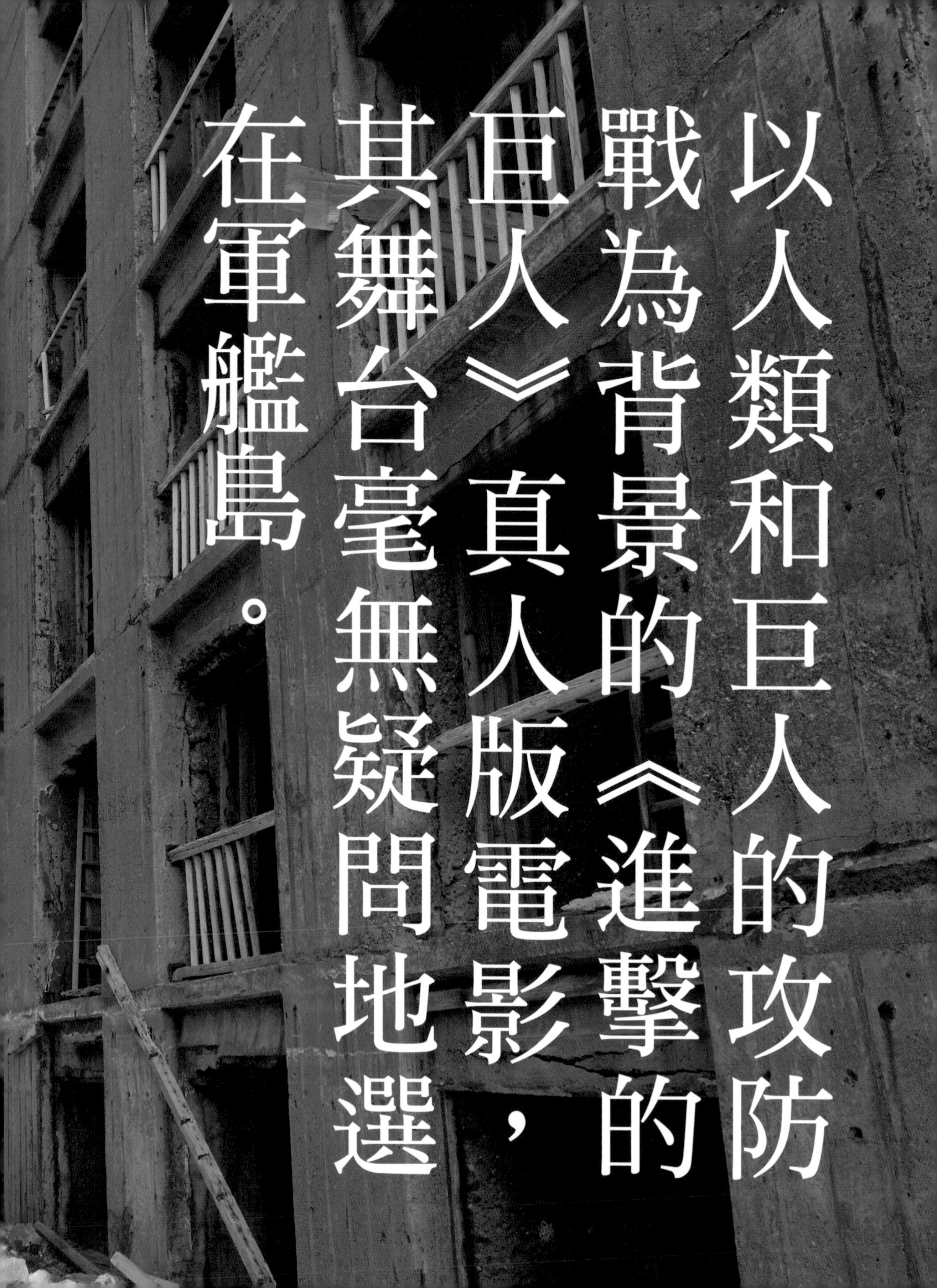

以人類和巨人的攻防戰為背景的《進擊的巨人》真人版電影，其舞台毫無疑問地選在軍艦島。

實在分辨不出是不遠的未來還是過去的幻想故事。曾經自豪的榮景終將成為遺產，並且備感哀傷的軍艦島傳說。

2014年，《進擊的巨人》真人版電影在軍艦島進行外景拍攝。根據相關人員指出，拍攝地點在該島的西部地區，這裡林立著過去在此處工作的礦工和家人生活的住宅。電影上映前，已經可以從Youtube上看到部分影片，令人萬分期待；不過剪接完成後所呈現的軍艦島風貌，更加令人嚮往。（編註：電影現已下檔，可以等待電影DVD發售再欣賞一次軍艦島的風采）

故事中人類防禦巨人的城牆和自豪的本土要塞皆為異樣空間，和軍艦島多少有些類似。

觀光客雖然不能參觀該拍攝現場，但應該能充分感受到其氣息與氛圍。

成為日本邁向近代化基礎工業的一份子，漂浮在海上的煤礦都市「軍艦島」，和珍貴的照片一同回顧其輝煌時代的樣貌。

紀錄照提供者⦿高島行政中心（《端島—軍艦島》[a]、《高島町的足跡》[b]※英文字母參照文末說明）／黑澤永紀

參考文獻⦿《軍艦島—全景》（O project／三才BOOKS）、《軍艦島入門》（黑澤永紀．O project／實業之日本社）、《軍艦島實測調查資料集（增訂版）》（阿久井喜孝．滋賀秀實／東京電機大學出版局）

用紀錄照拼寫軍艦島的歷史

二菱高島礦業所

端島坑鳥瞰

① 二十四小時用上的軍艦島。自堊刻昌出的黑煙從未亭上過b] ② 昭和初期會製的軍艦島明信片。③ 昭和30年三三，全卜海則和頁端與建築物前的軍艦島b]

始於江戶時代的端島（軍艦島）歷史

黎明期

在端島（以下稱軍艦島）挖掘出煤炭可追溯至江戶後期的1810年（文化7年），最初是當地的漁夫在海邊進行名為「磯堀」的煤炭開採作業。

進入明治時代開始正式採礦，1870年（明治3年）一手打造格洛弗宅邸和大浦天主堂等建築的小山秀，積極開採煤礦，但是因颱風影響造成事業失敗。在小山秀的前後也有其他業者參與採礦事業，但同樣被颱風所害導致停業。

1882年（明治15年）為舊鍋島藩深堀領主，鍋島孫六郎所擁有，1887年（明治20年）於軍艦島完成最早的第一豎坑，設置儲煤場，開啟煤礦都市—軍艦島的歷史。

01

03

02

三菱整頓軍艦島的居住環境，正式經營礦坑事業

興起期

1890年（明治23年），鍋島孫六郎將軍艦島的所有權以十萬日圓轉讓給三菱公司，之後約一百年由三菱來經營軍艦島的礦坑。

三菱的公司船「夕顏丸」開航，設有蒸餾水機以提供飲用水，和煤礦事業同時並行的還有製鹽事業。

1893年（明治26年）於公司內設立普通小學，並階段性地進行島上的填海造地工程，整頓居住環境。

1916年（大正5年）開始著

❶從島上北邊望出去看到的昭和33年的軍艦島。正面左邊的建築物是端島中小學，後方右側一帶是煤礦設施[b] ❷架設強化坑道內部的樑柱工程情景[a] ❸豎坑內。將開採出的煤礦放在小火車上搬運的情景[a] ❹確保水源是軍艦島的重要課題。照片中正在進行連接高島和端島，日本最初的海底水管工程[b] ❺在「高島、端島海底水管」完成前，用公司船把水運到島上[a] ❻要進出被波濤包圍住的軍艦島時，一定要換乘接駁小船[a] ❼煤礦設施的遺跡現況。照片最深處為第二豎坑魯

05

04

06

07

手建造日本第一座鋼筋混凝土公寓（30號棟），為了應付島內日益增加的人口，在昭和30年代開始興建礦工和職員專用宿舍。另外，端島的別名軍艦島，最先見於１９２１年（大正10年）的《長崎日日新聞》報，因島嶼外型和「土佐號」軍艦相似，故稱之軍艦島。

1954年（昭和29年）島民渴望的設施「海豚棧橋」完工 [a]

因颱風災害沖斷第一代和第二代棧橋。1962 年（昭和 37 年）終於完成耐得住颱風吹襲的第三代海豚棧橋 [a]

在曾是大型都市的軍艦島生活

興盛期

大正時期以後，使用打石機和礦工頭燈進行礦坑的內部作業，1932年（昭和7年）從原本的動力搬運導入輸送帶等，大幅提升採煤技術。加上勞動力的流入，於1941年（昭和16年）創下一年41萬噸的最高產煤量紀錄。到了戰後，產煤量和居民人口數持續增加，1959年（昭和34年）的總人口數達到5267人，成為世界人口

❶以擁有世界最高人口密度而自豪的軍艦島。照片上是學生在棧橋集合歡送調職的老師[b] ❷昭和30年代的軍艦島。連結島上最低處到頂端神社的「地獄段」前的情景[a] ❸島內最熱鬧的地方，名為端島銀座的繁華街景[a] ❹不用繳房租，水電瓦斯費也只要十日圓（昭和30年當時的全國平均月收入為2萬9000日圓），島民的生活在經濟方面頗有餘裕。黑白電視機、洗衣機、冰箱這「三種神器」的普及率相當高[a] ❺對島民而言最大的煩惱是颱風。颱風來時，打到護岸和防潮棟（※沿著堤防而建，像高牆般的建築，作為消除浪潮衝擊之用）上的碎浪水花落入島內[b] ❻留在日鐵公司宿舍（9棟）內的四腳黑白電視機

04

05

密度最高的城市（每1平方公里8萬4100人）。

在島內，除了一定會有的工業設施和住宅外，中小學內設有醫院，公司經營的購買部（超市）內也有個人商店、電影院、撞球場和小鋼珠店等娛樂設施，具備生活所需的完整都市功能（中之島建有島民專用的火葬場和墓地）。能開採出高品質煤炭的軍艦島，工資所得高，居住方面基本上都住公司宿舍，因此房租和水電瓦斯費格外便宜，島民生活富裕，全體島內居民就像家人般一起生活。

06

為了教導不曾接觸過農事的孩子們，在日薪公司宿舍的屋頂設立名為「青空農園」的田地。[a]

1966年（昭和41年）在青空農園耕田的樣子 [b]

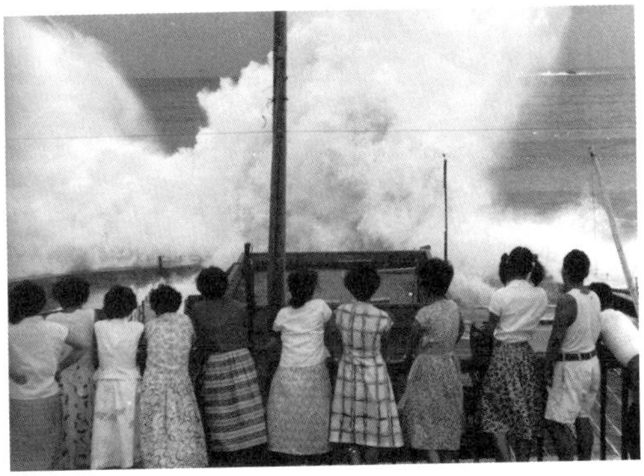

這是從高樓30號棟的屋頂觀看颱風的情景 [b]

01

02

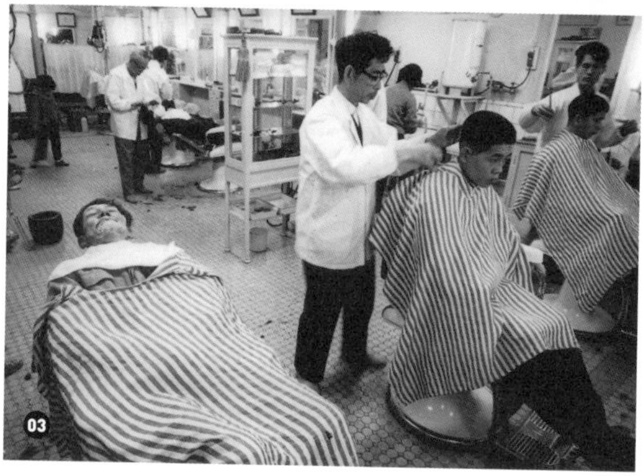
03

支撐日本近代化的煤礦島閉幕下台

結束期

1964年（昭和39年）8月因礦坑內的自然起火引起瓦斯爆炸，為了滅火造成礦坑最深處被水淹沒，之後約有一年間停止開採。為此有不少礦工被裁員，約有兩千人離開軍艦島。

雖然持續進行軍艦島西方海面三瀨區的新礦坑開採作業，但挖掘出的盡是煤矸石（選煤後的廢石或品質粗劣的煤炭）。即便如此，在1965年（昭和40年）2月，三瀨的煤層碳化，藉由最新機械驅動的新型開採方式，於同年12月創下開坑以來的紀錄，月產煤量高達3萬5000噸。

但是，受到主要能源由煤炭轉至石油的國家能源轉換政策之衝擊，在1972年（昭和47年）結束採煤。1974年（昭和49年）1月關閉礦坑，並於同年4月撤離島上居民，軍艦島成為無人島。

❶❷上圖是公司經營的端島福利社，為島內最大的超市，據說可以買到低於市價的商品。另外，下圖有酒鋪，食品店內也有電器行、雜貨店等不少個人商店[a]❸位於65號棟（礦工宿舍「報國寮」）的地下理容院。同時設有美容室[a]❹1927年（昭和2年）興建的電影院（「昭和館」）。在電視普及前為島內唯一的娛樂設施[a]❺1971年（昭和46年）開業的小鋼珠店。因傳出關閉礦坑的流言，據說是為了要留住離島的勞工們而設置[a]❻1966年（昭和41年）島內唯一的酒吧「白水苑」開業[a]❼曾經繁華一時的端島銀座街道。右邊建築物為日薪公司宿舍[a]❽端島銀座中青空市場的攤商林立，可以買到新鮮蔬果[a]❾開工時的軍艦島空拍照。右

08

09

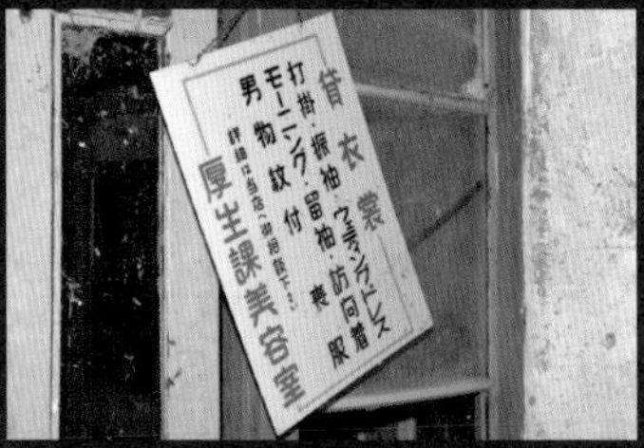

巡禮 1

謎樣的地下室

在65號棟的地下室，經營過理容院和美容室。即便經過41年，當初的物品依舊靜靜地遺留在原處。

不可思議的軍艦島

在軍艦島北部的65號棟（俗稱報國寮）地下室，曾有理容院和美容室。這裡由公司經營，也有打掛和服（日式新娘禮服）、振袖和服和白紗等服裝租借。

礦坑關閉後經過41年的時光，室內已殘破不堪，但客人剪髮所坐的椅子或燙髮時使用的器具等都還留存於現場。軍艦島最大的建築物65號棟的總戶數超過三百戶，堪稱島上最大規模。

TAKARA

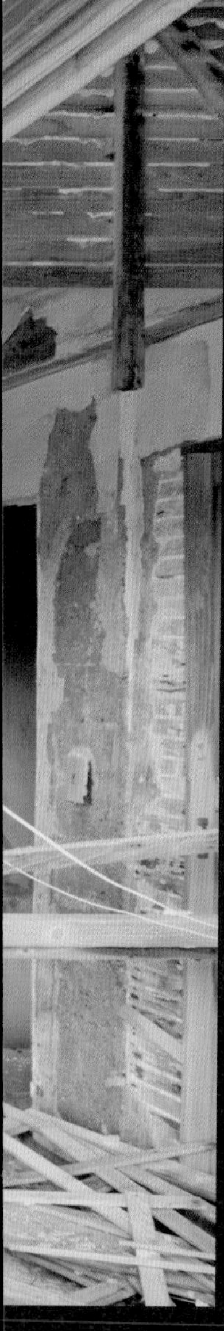

巡禮2

拘留所

只要有人，就會有犯罪。21號棟的一樓有派出所，並設有拘留所。

在1954年（昭和29年）建造的21號棟，其一樓有警察派出所，並設有「拘留所」。拘留所內部約為兩張塌塌米大小。因為鎖頭周圍都已生鏽，所以無法開門。

根據前島上居民的說法，島內沒有發生過兇惡案件，拘留所是讓飲酒過量、爛醉如泥的人醒酒用的。另外，在派出所中，有兩位警察常駐。

巡禮3

中之島的火葬爐

因為軍艦島上沒有火葬場，所以遺體會在中之島火化。

在沒有墓地或火葬場的軍艦島，居民因病過世時會被送到中之島，利用那裡的火葬爐火化。火化使用的是用來支撐坑道內部的木柱，遺體經過一晚後火化。

火化結束後，隔天再將遺骨放入骨灰罈，如果亡者的親人尚在時，會將骨灰罈送回軍艦島。目前該島留有兩座火葬爐。

中之島和軍艦島一樣，是釣魚聖地。聽說在這座島釣魚的人們，會避開火葬爐周圍。

巡禮4

基督徒的靈安室

據說40號棟後方的某項設施是基督徒的靈安室……

軍艦島最北端的端島醫院（40號棟）背面，至今仍留有靈安室的遺跡（照片前面的磚造結構物）。根據前島上居民的說法，這裡曾是島上過世的人火化前的安置場所。也有一個說法是，這座結構物是「基督徒專用的靈安室」，關於這部分尚未釐清。在軍艦島過世的人，一離開這間靈安室，馬上會在隔壁的中之島進行火化。

從這裡看到的軍艦島會成為一生的回憶

旅行途中請一定要繞過來看看

軍艦島的絕景地點——

一望（いち望）餐廳

在這家餐廳用餐的同時，還能將軍艦島、高島和伊王島的美景盡收眼底。冬天可以在烤牡蠣的小屋中，享用炭烤海鮮（需預約）。另外，夏天可以在陽台烤肉。推薦「銅板價午餐（500日圓。一天限定15份）」，食材使用當地野母崎生產的新鮮蔬菜和魚類。

彷彿地中海般的透明大海

利用當地食材做成的銅板價午餐堪稱絕品

長崎市以下宿町 2924-1
095-895-3888

■營業時間：11:30～14:00、17:00～21:00（最後點餐時間為 20:00）
■公休日：每週六、第一週的週日

以下宿

從長崎市中心走國道499號線南下的話，可以看到「以下宿」的公車站牌。站牌前方就是夫妻岩。以綁上稻草繩的夫妻岩為前景，後面的軍艦島為背景拍照的話，就可以拍出連攝影愛好家都自嘆不如的照片。

另外，在公車站附近的洗手間屋頂上，設有高倍數雙筒望遠鏡，從那看出去的軍艦島就像在眼前般清楚。

讓人印象深刻的夫妻岩

從高倍數雙筒望遠鏡看出去的軍艦島近在眼前

■營業時間：24 小時
■公休日：無

交通資訊
從長崎市中心
自行開車：約 30 分鐘。走國道 499 號線南下
公車：約 50 分鐘。搭乘往「樺島」或往「岬木場」的公車，在以下宿下車
停車場：有

料理
閑居庵
要予約
cafe
OPEN

在頂樓平台也能享用咖啡和蛋糕

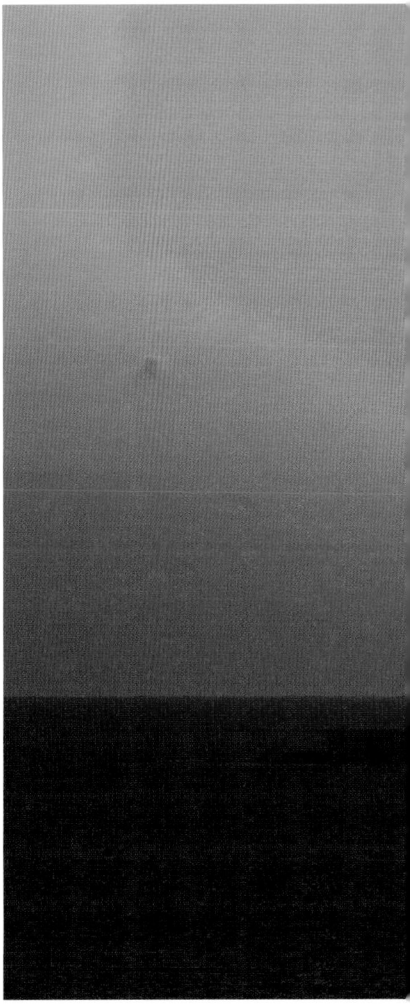

從這座陽台遠望的夕陽和軍艦島，將成為一輩子的記憶

閑居庵

「內行人才知道」，軍艦島的絕景地點就在這裡！

從陽台遠眺夕陽，讓人感動萬分。

季節更迭，夕陽就在軍艦島的對面落下。

這裡的貴賓席是屋外的陽台座位。

可以點份咖啡和戚風蛋糕，沉浸於時光的流逝中。

另外，打電話預約的話，可以品嘗到甲魚料理。

長崎縣長崎市黑濱町 698
095-895-3738

■營業時間：13:00 ～日落
■公休日：週一～週五（週六～週日營業）

交通資訊
從長崎市中心
自行開車：約 30 分鐘。走國道 499 號線南下
公車：約 45 分鐘。搭乘往「樺島」或往「岬木場」的公車，在黑濱下車，走路 5 分鐘
停車場：有

野野串港

野野串港是可以看到軍艦島側面全景的絕佳地點。南邊的堤防上，有很多攝影愛好者拿著相機從這裡拍照。

沉入東海的落日景色相當美麗生動，能夠拍出充滿魅力的照片。建議在7月到8月間前來，可以拍到不輸給專業攝影師的照片。

■營業時間：24 小時
■公休日：無

交通資訊
從長崎市中心
自行開車：約 35 分鐘。走國道 499 號線南下
公車：約 50 分鐘。搭乘往「樺島」或往「岬木場」的公車，在野野串口下車，走路 3 分鐘
停車場：有

nomon's café & 高濱海水浴場

高濱海水浴場和野野串港一樣，是可以看到軍艦島水平側面全景的地點。

因為高濱海水浴場被選為「日本88大海水浴場」，一到夏天，海邊充滿戲水的遊客，相當熱鬧。

2014年7月開幕的「nomon's café」，店內寬敞，可以輕鬆自在地享用餐點。眼前是廣闊的高濱海水浴場，能夠遠眺對面的軍艦島。美味的「nomon's 咖哩」和土耳其飯是店內頗受歡迎的菜色。

nomon's café
長崎市高濱町 3963 番地 3
095-894-2206
http://daiwa-sg.co.jp/takahamakaisuiyokuzyou/publics/index/9/

■營業時間：10:00 ～ 20:00（用餐從 11:00 開始）
■公休日：週二

好想在這裡的露天平台吃飯

眼前是遼闊的高濱海水浴場

高濱海水浴場
長崎縣長崎市高濱町 3963 番地 3
095-894-2201

■營業時間：24 小時
■公休日：無

軍艦島資料館

軍艦島資料館位於野母崎綜合運動公園內的建築物二樓，裡面還鋪有木甲板。

甲板上設有高倍數雙筒望遠鏡，因此可以從這裡看到軍艦島。也備有踏腳台讓小朋友使用，相當貼心。

在軍艦島資料館，展示著兩百幅以上的照片，再加上珍貴的展示品，令人想去參觀看看。

從運動公園內的「水仙之里公園」高處遠望軍艦島，也相當有看頭。

館內展示有珍貴照片

長崎市野母町 568-1 野母崎綜合運動公園管理棟 2F

■營業時間：9:00 ～ 17:00
■公休日：除了年底和日本過年期間（12/29 ～ 1/3）外，全年無休
■門票：免費
■聯絡處：長崎南商工會野母崎分所 095-893-0077

交通資訊
從長崎市中心
自行開車：約 35 分鐘。走國道 499 號線南下
公車：約 50 分鐘。搭乘往「樺島」或往「岬木場」的公車，在野野串口下車，走路 3 分鐘
停車場：有

好想從甲板上的望遠鏡看出去

可以看到軍艦島水平側面的絕景聖地

海城和風餐廳

海城和風餐廳緊鄰高濱海水浴場南面。這家餐廳能將五島灘的風光盡收眼底，從這裡望出去的景致美到令人覺得奢侈。

可以一邊看海，一邊品嘗當地的新鮮海產，因此餐廳內總是擠滿常客。午餐的菜色是使用當天本地現撈的魚貨，種類豐富。

從餐廳旁邊的停車場可以拍到軍艦島，是很受觀光客歡迎的景點。

長崎縣長崎市高濱町 4198
095-895-3207

■營業時間：11:00 ～ 20:00
■公休日：不固定

交通資訊
從長崎市中心
自行開車：約 35 分鐘。走國道 499 號線南下
公車：約 1 小時。搭乘往「樺島」或往「岬木場」的公車，在古里下車，走路 3 分鐘
停車場：有

令人想嘗看看的當地海產

這裡也是能看到美麗全景的知名地點

連五島列島和天草都看得到的絕景聖地

因為景色優美，這裡也是絕佳的約會地點

權現山

權現山聳立於長崎半島的最前端，是眾所皆知眺望軍艦島的景點。在標高198公尺的權現山山頂附近的公園中，設有展望台，望向東邊是天草灘、西北是五島灘、西南則是東海，能將這些美景盡收眼底。天氣好時，還可以遠眺天草和五島列島，因此也成為約會地點。

■營業時間：24 小時
■公休日：無

交通資訊
從長崎市中心
自行開車：約 60 分鐘。走國道 499 號線南下
公車：約 1 小時 10 分鐘。搭乘往「樺島」或往「岬木場」的公車，在野母新港下車，再搭 10 分鐘的計程車即可
停車場：有

從長崎市內走國道499號線南下到野母崎，可以在此品嘗到新鮮海產。地處九州西南邊、風光明媚的野母崎，往東可以飽覽天草灘、西北為五島灘，和西南的東海景色，四季都能撈到新鮮的漁獲。以下一一介紹野母崎的推薦美食餐廳。

Kotton咖啡西餐店

這是間家族經營的餐廳，多年來以西餐為主，店主負責採購和料理。使用當地捕獲的新鮮魚類做成的菜餚，每一道都很美味。

以軍艦島為題材的軍艦島咖哩，一天限定70份。盛盤方式模仿軍艦島外型，並以雞蛋代表落日，相當獨特。白飯撒上了羊栖菜和紫菜，用當地鮮魚和小魚乾煮成的味噌湯也大受好評。

長崎市野母町568
095-893-2115

■營業時間：11:00～15:00（假日到15:30）、17:00～20:00（停止點餐）
■公休日：週二
※週二遇到假日時，和前一天或後一天交換（需事先詢問）
就在軍艦島資料館樓下附近

從長崎市中心
自行開車：約40分鐘。走國道499號線南下
公車：約1小時。搭乘往「樺島」或往「岬木場」的公車，在運動公園前下車，就可看到
停車場：有

野母崎物產中心

這家店販售多種當地製作的美味海產加工食品，可以買到魚板和小魚乾等乾貨、芝麻豆腐和烏魚子（烏魚子為季節限定）等。也有販售多款軍艦島名產。不僅是觀光客，連當地人也會來這裡選購商品。

位於野母崎綜合運動公園的入口處，裡面也有野母崎的觀光資料等。隔壁是「野母崎市場」。

長崎市野母町568-1
)95-893-0950
ttp://nomozaki.net/

■營業時間：9:00～18:00（11月～2月為8:00～17:00）
※因為有時會有變動，請事先詢問
■公休日：週二

交通資訊
從長崎市中心
自行開車：約40分鐘。走國道499號線南下
公車：約1小時。搭乘往「樺島」或往「岬木場」的公車，在運動公園前下車。
停車場：有

鳳丸

使用現役漁夫每天早上在自家設下的定置網所捕獲的新鮮魚類，做成鮮美的料理。中午的固定菜色「生魚片定食」，被稱作「絕品漁夫定食」，深受當地居民的喜愛。不論是生魚片、紅燒或鹽烤等，可以吃到用最佳料理方法烹煮出的當季食材。

長崎市野母町1432-13
95-893-2113
ttp://ootorimaru.com

營業時間：12:30～16:00（16:00以後需預約）
公休日：週一和天氣惡劣無法捕魚的日子（有時會臨時休息。需事先詢問）

從長崎市中心
自行開車：約40分鐘。走國道499號線南下
車：約1小時。搭乘往「樺島」或往「岬木場」的公車，在深浦口下車，
路10分鐘。
車場：有

野母崎的推薦地點

野母崎早市

市場中聚集著由野母崎、三和地區的漁夫和農民經營的店舖。

打著「一早現撈、新鮮」的口號，早市的新鮮魚獲相當受歡迎，最快被搶購一空。尤其是星期六，從開店前就有人在排隊，打算一開門立刻進去逛逛。

在市場內，鮮魚、活海產、海鮮加工食品、蔬菜或鮮花都有。還有花50日圓幫忙殺魚的服務。

長崎市野母町 2192
095-893-2401

■營業時間：8:00 ～ 12:00 ※ 魚獲賣完後關門
■公休日：每週二、盂蘭盆假期（每年不定）、年底過年期間

交通資訊
從長崎市中心
自行開車：約 40 分鐘。走國道 499 號線南下
公車：約 1 小時。搭乘往「樺島」或往「岬木場」的公車，在野母下車，走路 5 分鐘。
停車場：有

Ripple 野母崎社區咖啡館

位於野母崎的脇岬海水浴場前，是間讓人感到舒服自在的海景咖啡館。在充滿南國風味的建築物中，設有時髦的露天平台座位，就算坐在店內，也能看到大海。

店內的咖啡豆購自世界各地，皆由老闆烘焙。星期六、日提供的餐點「野母崎咖哩」，使用有機農法栽種的稻米、當地蔬菜和野母崎的魚板（魚絞肉）。

店內也有能舉辦小型活動的空間，不定時舉辦各種活動，成為當地資訊的發送站點。

長崎市脇岬町 2785
095-893-2039
http://caferipple.jp

■營業時間：11:00 ～ 18:00
■公休日：週三

交通資訊
從長崎市中心
自行開車：約 40 分鐘。走國道 499 號線南下
公車：約 1 小時 10 分鐘。搭乘往「樺島」或往「岬木場」的公車，在脇岬海水浴場下車。
停車場：有

惠比壽丸 & Island 號

軍艦島是連釣魚高手都覬覦的釣魚聖地。從11月下旬到3月是黑毛（黑瓜子鱲）的季節，5月到12月左右則是石鯛的產季。

軍艦島全島被護岸堤防所包圍，那邊有「電影院下」、「廁所下」、「堤防」、「丸」和「小丸」等垂釣點。每一處都能釣到大魚，因此週末相當熱鬧。

從野野串港也有前往軍艦島的觀光船，嚮導是開這艘惠比壽丸航行了40年的老手船長。坐船從野野串港到軍艦島有時花不到10分鐘，即便是容易暈船的人也不用擔心。隨時都可以出發。

惠比壽丸（釣魚）費用 4000 日圓
Island 號（軍艦島觀光導覽 & 登島）費用 1 萬日圓（限 5 位。每增加一人多 2000 日圓）

■運行期間／整年
馬場廣德
095-894-2039 ／ 090-8225-8107
http://dainanaebisumaru.lolipop.jp

交通資訊
從長崎市中心
自行開車：約 35 分鐘。走國道 499 號線南下
公車：約 50 分鐘。搭乘往「樺島」或往「岬木場」的公車，在野野串港口下車，走路 3 分鐘。
停車場：有

Daiman 餐廳

位於「樺島的大鰻魚丼」對面的 Daiman 餐廳，是樺島著名的隱藏版餐廳。

店內的土耳其飯有豬排、漢堡、炸蝦等 6 種基本菜色可選。

每一道都是重口味，滿足土耳其飯愛好者的需求。除了基本菜色外，還有期間限定的菜單。甜點單上的霜淇淋，有10種口味可供選擇。

長崎市野母崎樺島町 1127-1
095-893-0224
http://daiman.info

■營業時間：11:00 ～ 21:00（最後點餐時間為 20:00）
■公休日：不固定

交通資訊
從長崎市中心
自行開車：約 1 小時。走國道 499 號線南下
公車：約 1 小時 20 分鐘。搭乘往「樺島」的公車，在樺島下車，走路 5 分鐘。
停車場：有

01

03

02

軍艦島的建築物遺產導覽

參觀者驚嘆連連的高樓建築群！

從日本最早的鋼筋水泥公寓到附頂樓花園的大樓，大正時代到戰後興建的軍艦島住宅，都是投入當時最新銳的建築技術所完成。接下來要介紹在日本建築史上彌足珍貴的軍艦島建築物群。

參考文獻⦿《軍艦島入門》（黑澤永紀．O project／實業之日本社）、《軍艦島實測調查資料集（增訂版）》（阿久井喜孝．滋賀秀實／東京電機大學出版局）、《產業遺產的記錄》（J-heritage／三才BOOKS）

每張照片都有獲得長崎市的特別許可。

日本最古老的鋼筋混凝土建築30號棟

04

05

06

07

❶建於1916年（大正5年）的七層樓建築物（部分為半地下室）30號棟，是日本最古老的鋼筋混凝土建築。照片為屋頂部分，中央中空處周圍的突起物是爐灶時期的煙囪 ❷從第三參觀廣場可以看到建築物外觀 ❸總戶數約為133戶，室內隔間是六疊（※一疊指一張榻榻米）大的房間和玄關兼廚房。當初為礦工專屬的公司宿舍，但後來成為外包商的住宅 ❹❺中空區四周的樓梯和走廊。在走廊上有共用的沖澡處 ❻建築物的中央部分為中空設計，下雨時雨水經過樓梯流入建築物內 ❼

01

02

03

高樓住宅群並立的日薪公司宿舍

05

04

❶日薪公司宿舍（16號棟～20號棟）是1918年（大正7年）動工，1922年（大正11年）完工的九層樓建築物，是日本當時最高的公寓大樓（20號棟只有六層樓）
❷蓋在屋頂上的庭園。某段時期並開墾了名為「青空農園」的小型農田 ❸在鋼筋混凝土的建築物中融入木造長屋的日薪公司宿舍 ❹16號棟和20號棟每一間皆是六疊大＋二疊大（＋廚房兼玄關）的兩房設計，不過其他棟的隔間則依樓層而異 ❺連接五棟樓的大走廊。右側牆壁有防止鹽害侵蝕的功能 ❻17號棟和18號棟的棟距。為了確保低樓層的日照權，高樓層比低樓層更往內縮，正因如此使得同一棟樓有著不同的隔間 ❼照片中，沿著16號棟的壁面往上直達頂樓端島神社的是名為「地獄段」的樓梯 ❽日薪公司宿舍（照片右側）和51號棟各樓層連結通行的走廊。沿著護岸而建的51號棟擔任防潮棟的角色。

01

03

02

❶自戰爭末期開始興建的65號棟（俗稱「報國寮」）。ㄇ字形的大樓，其興建順序為1945年（昭和20年）的九層樓北棟（照片左側）、1949年（昭和24年）同樣是九層樓的東棟（照片中央），和1958年（昭和33年）的十層樓南棟，總戶數三百戶以上，是島內最大的建築物。另外，北棟和東棟大樓被稱作「舊棟」❷舊棟的陽台設計形式為四樓以下位於柱子內側，五樓以上則向外推出 ❸從建築物牆壁往外突出的部分原本要設置電梯，最後卻變成起居室 ❹屋頂為幼稚園（照片後面的建築物），並設有附溜滑梯的泳池 ❺地下室為公司的員工福利設施美容院 ❻一樓是牙科診所的就診等待室 ❼建築物中央設計成走廊，狹長型木造平房

04

05

06

07

08

09

軍艦島上最大型的建築物 65 號棟

建於最高處的高階職員住宅

❶1950年（昭和25年）興建的2號棟，用來作為職員宿舍 ❷❸8號棟建於1919年（大正8年），為三層樓建築。一樓是用鋼筋混凝土建成的公共浴室（❸），二樓和三樓為木造的職員房間，不過該建築物在礦場關閉後，受到颱風等影響已經毀壞 ❹14號棟建於1941年（昭和16年），為戰前最後興建的建築物。其特色是向外突出的陽台（cantilever 懸臂式）❺14號棟的走廊。因為是職員用的公司住宅，被稱作「中央住宅」❻從3號棟看到的21號棟樓頂（照片中央）❼21號棟的某個房間。沒想到這裡會變成無人島，即將離島的孩子留在拉門上的塗鴉 ❽蓋在島內最高處的高階職員公寓，3號棟。建於1959年（昭和34年），是島內唯一室內配有浴室的住宅 ❾21號棟內一樓是派出所。設有木製的拘留所，不過聽說島內沒有犯下凶惡案件的犯人

03

02

05

04

07

06

09

08

01

03

02

05

04

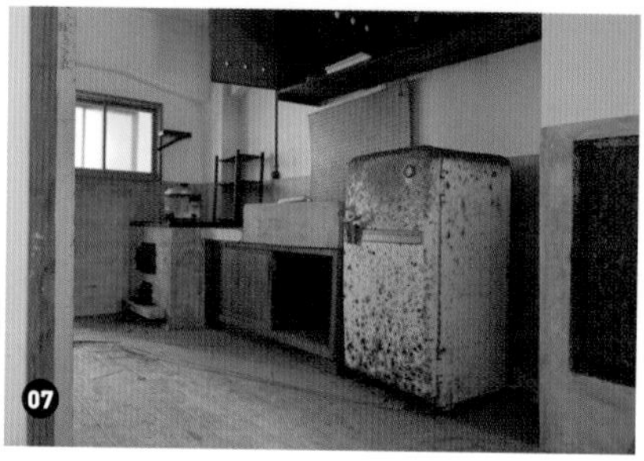
07

06

08

09

守護島上的神殿和地藏

❶建於1921年（大正10年）的泉福寺（23號棟）。雖是禪宗寺廟，但舉行法事時不問派別，因此又被稱作「全宗」。建築物幾乎已毀壞，只剩下地藏王菩薩像❷1953年（昭和28年）興建的町營住宅22號棟。裡面設有高島町公所端島分所❸職員公寓25號棟內有「清風莊」旅館和「白水苑」酒吧❹島嶼南端的31號棟一樓是端島郵局❺「昭和館」（50號棟）電影院自1927年（昭和2年）完工以來，每天輪流播放不同作品。現在僅剩下入口處❻❼51號棟的某一間留下哥倫比亞牌的立體音響和國際牌的電冰箱、電子鍋。島民很早就擁有齊全的電子產品，從這可以看出他們生活富裕的情況❽端島神社在1936年（昭和11年）建於岩礁的山頂北端。木造前殿已全毀，目前僅留下水泥製的神殿和鳥居。當年每年4月3號舉辦山神祭❾可以看到56號棟（照片右側）和57號棟對面的65號棟折東大妻

白色外牆的端島中小學

02

❶端島中小學（70號棟。於1961年增建鋼骨結構的七樓部分）在1958年（昭和33年）以鋼筋混凝土蓋的六層樓校舍取代原有的木造兩層樓校舍。興建當時是日本國內最高的校舍，一樓~四樓為小學，五樓和部分七樓為中學 ❷裝飾在校舍玄關處，學生製作的馬賽克拼貼作品 ❸六樓是禮堂兼體育館。圖書館和音樂教室也在這層樓 ❹留在教室的桌椅。1974年（昭和49年）3月31號關閉學校，從前身的公司普通小學建校以來80年的校史就此閉幕 ❺1950年（昭和25年）興建的單身宿舍67號棟。外形使用特殊的「X樓梯」造型，將樓梯設置於牆外 ❻位於島嶼北端的教職員宿舍千鳥莊 ❼寫在單身礦工宿舍啓明寮（66號棟）外牆上的文字「從那之後數十年！任由端島荒廢、徹底腐朽、朽壞到底」

04

05

06

01

07

03

長崎產業
遺產歷史之旅

前往格洛弗園

如果格洛弗不曾到過長崎，
或許軍艦島就不會被開發。
說到軍艦島
那不可或缺的重要人物
格洛弗先生住過的
舊格洛弗宅邸
也成為觀光勝地
「格洛弗園」

02

一踏進園內的舊格洛弗宅邸就能感受到英國殖民地式建築和日本傳統日式建築技術協調巧妙之處

05

03

04

處處反映出英國建築樣式之美

舊格洛弗宅邸是「明治日本的工業革命遺產—九州、山口及相關地區」的資產內容之一，建於能遠眺長崎港的高地上。

舊格洛弗宅邸為日本最古老的木造洋房，是棟完美融合英國殖民地建築樣式和日本傳統建築技術的住宅。屋頂採用四面傾斜的寄棟式（廡殿式）屋頂，頂上磚瓦則用日本瓦。

身處充滿異國風情的舊格洛弗宅邸中，就算只觀察宅內細節也相當有趣。木製獨立圓柱從鋪著石板的地面筆直向上延伸，兩根圓柱間是用「吊束」結構建成的拱形隔窗和日式內簷。另外，寬敞舒適的陽台空間，其天花板採用木造菱格狀設計。在這部分反映出經典的英國建築式樣。

蘇格蘭出身的創業家兼貿易商格洛弗（Thomas Blake Glover），（1838～1911）於1859年日本的開港期間，從上海來到長崎，並於1861年設立格洛弗商會。當時湯姆士格洛弗居住的地方就是（舊）格洛弗宅邸。

所謂的歷史，有時可以從中看到戲劇性的發展。軍艦島和湯姆士格洛弗兩者間，雖然相隔三十年以上，卻被一條線牽繫著。

1格洛弗宅邸是日本最古老的木造洋房 2在陽台上建有木造菱格狀的天花板 3格洛弗21歲時來到日本設立「格洛弗商會」 4格洛弗園入口處 5鳴…入（格洛弗

01

02

05

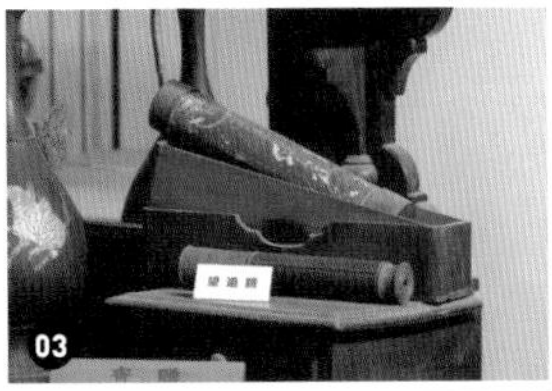
03

04

格洛弗園觀光簡介

長崎縣長崎市南山手町 8 番 1 號
095-822-8223

■公休日：全年無休（年底過年期間也有開放）
■一般開放時間
8:00 ～ 18:00（入園時間到 17:40 為止）
※ 會因季節而更改關園時間
■特別開放時間
2015 年 04 月 24 號～ 05 月 05 號　8:00 ～ 21:30（入園時間到 21:10 為止）
2015 年 07 月 17 號～ 10 月 09 號　8:00 ～ 21:30（入園時間到 21:10 為止）
2015 年 12 月 22 號～ 12 月 25 號　8:00 ～ 21:00（入園時間到 20:40 為止）

■門票費用
〔個人〕成人 610 日圓　高中生 300 日圓　國中小生 180 日圓
〔15 人以上的團體〕成人 510 日圓　高中生 240 日圓　國中小生 140 日圓
出示身心障礙手冊、療育手冊、精神障礙保險福利手冊，出示者和陪同人員（一位）可免費入園

06

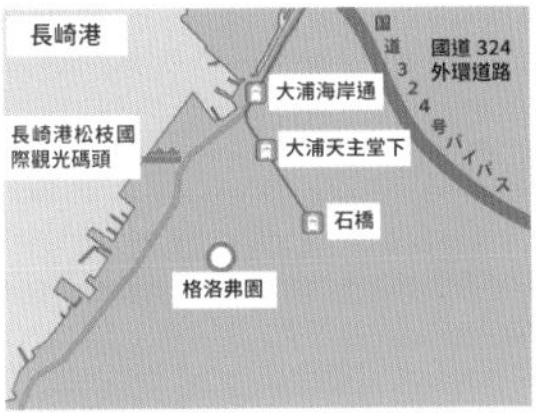

07

在軍艦島（端島）的端島煤礦，是由三菱財團的第二代總裁岩崎彌之助（1851～1908），於1890年起下令正式開採，不過，這是順著三菱財團的創辦者，第一代總裁岩崎彌太郎（1835～1885）的政策而行，岩崎彌之助是岩崎彌太郎的弟弟。

高島的開發可以追溯到軍艦島之前。一進入明治時代，岩崎彌太郎就著手開發高島上的高島煤礦，其位於軍艦島北方約2.5公里的海面上。這座煤礦的所有權由幕府末期到明治時代的武士，政治家兼企業家後藤象二郎（1838～1897）手中繼承而來。在這之前，高島煤礦的所有權是湯姆士格洛弗讓給明治政府，明治政府再轉讓給後藤象二郎，回顧這段歷史，如果湯姆士格洛弗沒有來日本的話，說不定就不會開採端島煤礦了。

從舊格洛弗宅邸正下方的展望台可以看到位於對岸長崎港，「明治日本的工業革命遺產—九州、山口及相關地區」資產內容中的，三菱長崎造船所的巨型錘頭式起重機（Giant Cantilever Crane）和第三碼頭。這些資產都在三菱重工長崎造船所的廠區內。格洛弗宅邸成為認識軍艦島和三菱財團的歷史方面，不可或缺的建築物。

❶在餐廳的餐桌上排放食物模型，重現150年前的西式料理 ❷會客室中擺放鶴夫人（格洛弗的妻子）的照片 ❸臥室中展示有當初使用的望遠鏡 ❹長崎綜合科學大學的學生製作的格洛弗宅邸模型 ❺生於大阪，在1867年和湯姆士格洛弗結婚的鶴夫人的房間 ❻俯瞰對岸長崎港的夕陽 ❼愛用的手杖上有狗頭雕刻

長崎產業遺產之旅——1

池島保留了在軍艦島上看不到的煤礦設施，是一座能接觸到珍貴產業遺產的島嶼，頗受矚目。

來去池島

僅經營49年就閉幕下台的池島煤礦，接下來將讓您感受到它的氣息

❶沉入舊發電增水設施前方的夕陽 ❷一抵達池島港最先看到的是這座巨型懸臂式起重機（jib rotor）。呈現出相當驚人的視覺壓迫感 ❸站在懸臂式起重機的正面，機器看起來就像隻昆蟲 ❹在煤礦設施方面，留存著多爾濃泥機（Dorr thickener）等設備 ❺將煤製品放在右側的輸送帶上送至船上裝填

登上池島，最先映入眼簾的是名為「懸臂式起重機」的巨大重型機械

池島位於長崎縣長崎市西北方約30公里的海面上，島上留有以「九州最後的煤礦」著稱的池島煤礦。

乘坐高速船或渡輪一抵達池島港，塗成綠色的懸臂式起重機最先映入眼簾。這座巨大的機械，是用來將儲煤場內堆積如山的煤製品吊到輸送帶上。在輸送帶的延伸端，是同為綠色的煤炭堆貨機「Trimmer」，這是將煤炭堆放到船上時使用的機械。接著，從那個位置抬頭看向山邊，是將原煤洗選成煤製品時會用到的多爾濃泥機和暫時存放原煤的原煤倉。這景象在別處絕對看不到，卻在此處於眼前登場。

目前池島有效利用這些設備，推出「走訪池島煤礦—礦坑探險活動」和「池島島內觀光自選行程」。這些內容也在電視上被介紹過好幾次，最近有不少觀光客是看了電視後過來的。

池島的周長約為４公里。之前是以半農半漁為業的小島，１９５２年松島煤礦買下池島用地，進行「煤炭之島」的開發。於１９５９年開始經營產煤。就國內的煤礦

①舊發電廠水設施除了是供安全用電外，還能蒸餾海水取得生活用水 ②從渡輪發船處附近可以看到的煤礦設施。這是池島的魅力所在 ③某炭進貨機（前面）和懸

03

而言，池島煤礦直到後期才開始運轉，再加上礦坑內的自然條件也很好，可以導入最先進的技術來發展。但是，因價格不敵國外生產的低價煤炭，被迫於２００１年11月29號關閉礦場。從開始採礦到關閉礦場的產煤量只有４５００萬噸。礦場也僅維持49年的時間。

池島煤礦為海底煤礦，生產的煤炭是發熱量高、含硫量低的優質品。從池島和其西南側蓑島的深海處挖出的煤炭，被運送到新日鐵八幡工廠等地，成為製鐵用的原料煤。和支撐日本能源產業的軍艦島（端島）上的端島煤礦一樣。

池島的全盛期間（１９７０～１９７１年），有８０００多人在島上生活。島內建有酒吧和旅館，附近也有保齡球場。礦場關閉後，人口持續減少，現在變成僅有２００多人居住的小島。雖然島上因此變得蕭條，但仍有為數不少的煤礦相關設施和礦工宿舍留存下來。這些都成為認識「煤礦產業」的珍貴資產。

＊懸臂式起重機的照片經取得三井松島產業的特別許可後拍攝

01

02

①也島拍出來的照片非常迷人，在女性攝影愛好者間相當受歡迎　②在也島簡易郵局附近的商店封上，目前乃在營業的電器行　③在廢墟迷間頗受歡迎的「八疊妻廣工音

能獲得珍貴體驗的礦坑探險活動

礦坑內留有實際使用過的軌道。
在「礦坑探險活動」中，
可以走在鋪好板子的軌道間。

01

02

05

04

03

08

07

06

❶展示著挖掘坑道所用的部分斷面隧道掘進機 ❷圍繞在坑道內的軌道寬度為610mm ❸小火車從這裡開始上車 ❹礦坑內由前煤礦技術人員進行解說 ❺蓄電池機車頭的上方是司機座位？❻進入礦坑內的小火車。有[illegible]在別處無法體驗到的興奮感 ❼服務於三井松島產業的前煤礦技術人員。大家都很親切 ❽可以吃到「煤礦便當」

GO!

「走訪池島煤礦 礦坑探險活動」

上午行程：10點45分～13點10分（池島港集合，原港解散）
下午行程：14點15分～15點45分（池島港集合，原港解散）
※ 上午行程包括用餐時間

■公休日：每週三（另外，因維修會不定期停止開放）
■報名截止時間：至出發日的前三天營業日為止
■參加費用：高中生以上 2,600 日圓，國中小生 1,650 日圓
只有上午行程可以自費購買「煤礦便當（附茶水）」，800 日圓（需事先預訂，當天現場付費）

■預約 & 聯絡處
095-811-0369（長崎國際觀光協會－走訪長崎櫃台）
http://www.saruku.info/course/G002.html

能在礦坑內探險的只有池島

戴上裝有礦工頭燈的安全帽，將手巾捲在脖子上，坐上小火車進入坑道，「走訪池島煤礦－礦坑探險活動」，在礦坑內進行解說的，是服務於三井松島產業的前煤礦技術人員們。目前這家公司會派遣技術人員到亞洲各國，進行礦坑內開採煤礦的技術指導。

礦坑內展示的設施都是實際使用至2001年關閉為止的機械，如部分斷面隧道掘進機、滾筒式切料機和雙鍊運輸機等。還有矽藻土炸藥的引爆設備、救護中心和1.6噸的巨大煤炭。

煤炭開採現場復原處的滾筒式切料機和鑽孔機，可以實際手動操作，因此能夠模擬體驗開採煤炭的方法。

現在，在日本推出這種「礦坑探險活動」的地點只有池島。和家人或朋友結伴同行就能輕鬆參加，是其魅力所在。

超想參加島民的自選行程還能看到島民居住的房間

01

02

03

❶1985年引進的蓄電池機車頭，用來牽引載滿煤礦的台車 ❷慈海女神像（前面）和第二豎坑。女神像看著昔日的開採現場 ❸從3號棟的屋頂可以俯瞰煤礦相關設施 ❹在3號棟中，有重現當時生活情景的房間 ❺這天受到細懸浮微粒（PM2.5）的影響視線不佳

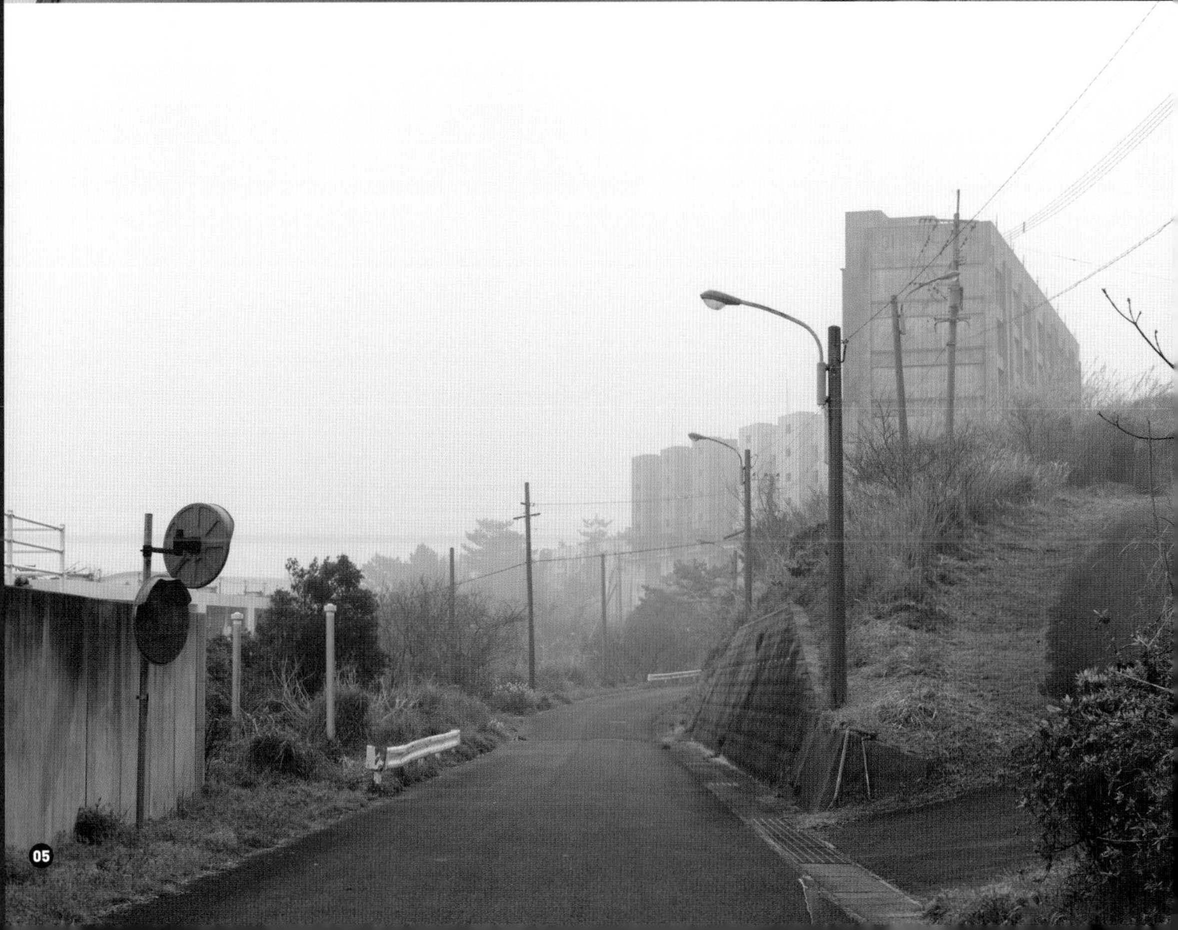

01

02

難得一見的礦工宿舍內部

參加「走訪池島煤礦—礦坑探險活動」的話，就會想將「池島島內觀光自選行程」也一併加入。在平成27年1月8號開放的「自選行程」中，進行島內導覽的是曾在池島煤礦工作過的島民們。

在其中的A行程中，會參觀放有高速小火車（女神號慈海）等設備的翻車機遺跡和第一豎坑，及1958年興建的礦工宿舍；而其中的S行程除了A行程的內容外，再加上位於池島西南部的第二豎坑和慈海女神像等。因為這兩套行程都有得到公司方面的特別許可，所以可以參觀平常禁止進入的區域。另外，礦工公寓的部分，也能看到重現往日居住情景的房間。

A行程的所需參觀時間約為2小時，S行程則為3小時。不管參加哪一個行程，都能在當天離開池島，回到長崎，因此就算是時間有限的人們也能報名參加。

❶在斜坑入口處放有用來斜降至海底煤層的斜坑小火車 ❷靜寂無聲的礦工宿舍。有時會有老年人來這裡散步 ❸第一豎坑（左）除了可以讓人員進出和拉起台車外，還有非出坑時空氣的作用 ❹在坑道內以時速50km行走的高速小火車（女神號慈海）也被保存下來。這是1996年時購自德國

04

「池島島內觀光自選行程」

GO!

■自選行程費用
A 行程：成人 800 日圓／兒童 500 日圓
S 行程：成人 1000 日圓／兒童 600 日圓
必須在出發日前三天報名
※ 必須另行支付乘坐島內接駁公車的費用（成人單趟 100 日圓／兒童單趟 50 日圓）

「池島島內觀光自選行程」不能單獨參加。可以在「走訪池島煤礦──礦坑探險活動」之後參加。必須戴著現場出借的安全帽

■預約 & 聯絡處
095-811-0369（長崎國際觀光協會 走訪長崎櫃台）
http://www.saruku.info/course/G002.html

03

參觀夢幻飲食街和煤矸石集散場

01

02

04

03

池島自號豪的興盛期遺產隨處可見

在池島上，曾有條繁華街道。走訪位於島嶼北方中央，名為「鄉」的村落，現在還可以讓人感受到它的昔日情景。從海岸線附近延伸至煤礦正面玄關的斜坡上，留有酒吧、旅館和小鋼珠店的廢墟。

以前，在這條鬧街上有30多家商店林立。在礦坑工作的男人們，工作結束後就會來這裡喝上幾杯。這裡的鬧街長300多公尺，現在還能從主要街道看到第一豎坑。另外，在村落西側，還留有煤矸石的集散場。

05

06

❶煤矸石的集散場，在海岸線附近 ❷在鄉村落的入口，有接駁公車的站牌 ❸看到這種記號，就能感受到昔日的熱鬧情景 ❹第一豎坑（左上）看起來就像是村落

移動的超市 Mammys 號

從隔壁大島來的移動式超市。在島內主要地點巡迴販售。備有便當、飯糰、麵包、泡麵、甜點等食品和生魚片、蔬菜等多款商品。也有日用品和生活雜貨等。酒和香菸需事先預訂。如果打電話詢問，也可以告知目前停在何處。

公休日：通常是週日（有時會改變）
090-5748-1433（西條幸夫先生）

池島中小學 & 幼稚園

長崎市立池島中小學是將池島的繁榮傳遞至今的建築物。小學人數的高峰期在昭和45年，有1287名（31個班級）學生在學。但是，隨著礦坑關閉兒童數量減少，從今年度起只剩1名小學生在學。沒有國中生。現在連幼稚園也停辦。

長崎市池島町 1522 番地
0959-26-0040（小學）

池島簡易郵局

因為池島沒有銀行，如果要在島內領錢，就要利用池島簡易郵局。郵局內沒有ATM，若有在郵貯銀行開戶的話，就可以用提款卡或存摺在這裡領錢。

郵務窗口：9:00 ～ 17:00
儲匯窗口：9:00 ～ 16:00
壽險業務窗口：9:00 ～ 16:00
公休日：週六、週日、假日
長崎縣長崎市池島町 911 番地 6
0959-26-1537

池島觀光導覽

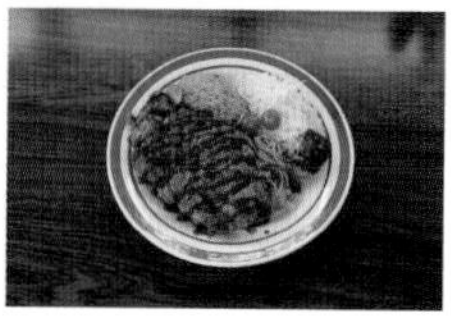

阿嬤的店

若要在池島用餐，就是這裡了！菜色種類相當豐富。店內的推薦菜色是土耳其飯、什錦麵和豬排飯。每一道都是大份量，因此相當受到年輕人的歡迎。餐廳位於池島中小學附近的「長崎市設池島綜合食品零售中心」內，服務非常親切，住在池島的人也會來訂便當等。

長崎縣長崎市池島町 1597 番地
電話：0959-26-1123
營業時間：08:00 ～ 18:00
公休日：不固定

從池島港走路約 20 分鐘

港亭

經營這家店的是在「礦坑探險活動」結束後可以參加的自選行程中，擔任島上解說的近藤先生他太太。「礦坑探險活動」時吃的「煤礦便當」就是在這裡做的。事先預訂的話，也可以幫忙做便當（500日圓。預約制）。另外，這裡也有出租電動腳踏車。

長崎縣長崎市池島町 154 番地
電話：0959-26-2555
公休日：週三

從池島港走路約 5 分鐘
電動腳踏車租金
一次 600 日圓（以一天為計算單位）

丸木 store

這家店就在參加「礦坑探險活動」時，進入坑道前聆聽講解的池島開發綜合中心隔壁。店內售有飯糰、麵包、泡麵和甜點等食品及防蟲液、洗衣精等日用品，是島上居民不可缺少的店。

長崎縣長崎市池島町 154 番地
電話：0959-26-0048
營業時間：08:00 ～ 17:30
公休日：週日

從池島港走路約 5 分鐘

公共澡堂

在池島有兩家公共澡堂。照片中是位於池島開發綜合中心附近的池島港浴場。因為澡堂還保有濃濃的煤礦時代風情，值得一訪。島內的公寓大多沒有浴室，所以住在這裡的居民也會過來使用。費用便宜，成人只要 100 日圓。

池島港浴場
長崎縣長崎市池島町 154 番地
電話：無
營業時間：16:00 ～ 20:30
公休日：週日
費用：成人 100 日圓／兒童 50 日圓

從池島港走路約 5 分鐘

長崎市池島中央會館

因為池島沒有飯店或民宿，如果要在島上過夜，可以利用長崎市池島中央會館（市營）。會館的前身是電影院。

房間備有浴巾、毛巾和牙刷等，浴室也有洗髮精、潤絲精和肥皂，相當齊全。還有廚房可以做菜。

館內設有 ADSL ＋ Wi-Fi，所以可以無線上網。

長崎縣長崎市池島町 1009 番地 1
0959-26-2030
接駁公車會經過池島中央會館前
費用（兩天一夜）：
成人 3384 日圓／中學生 2746 日圓／小學生 2118 日圓

從池島港走路約 15 分鐘

01

02

04

長崎產業遺產之旅——

2

前往三菱重工業相關設施

位於長崎縣長崎市內的三菱重工業長崎造船所內，有五項設施名列「明治日本的工業革命遺產—九州、山口及相關地區」的資產內容中。「巨型錘頭式起重機（Giant Cantilever Crane）」、「舊木模廠（史料館）」、「第三碼頭」和「占勝閣」位於長崎港北側，「小菅修船場遺址」則位於南側。

03

巨型錘頭式起重機

日本首先設置的最新式電動起重機

距今千年以上，三菱合股公司旗下完工的「巨型錘頭式起重機（Giant Cantilever Crane）」，在同型機器中，為日本首先設置的最新式電動起重機，由英國 Appleby 公司製造。這座起重機利用電動馬達驅動，可以吊起150噸重的物品，是設計用來承受大型重機荷重的機器。

完工當時，是設置來把船舶用的主機等大型機械裝載至船上，或自船上卸下，不過目前在裝載機械工廠製造的蒸汽渦輪或大型船舶所用的螺旋槳時也會用到。

這座總高62公尺、起重機的吊臂（jib）長73公尺的機械，從長崎港的對岸就能望見。因此，除了登錄進聯合國教科文組織的世界文化遺產之外，也成為長崎港的象徵性地標。

03

02

……利用巨大齒輪的運轉來牽引船隻②利用這座鍋爐生成的蒸氣來驅動齒輪③牽引小屋內牆壁使用蒟蒻煉瓦砌成④「小菅修

04

05

01

小菅修船廠

日本最先使用蒸氣機的碼頭

由薩摩藩士五代才助、小松帶刀和湯姆士格洛弗所設計，於１８６９年落成的「小菅修船廠」，是日本首座利用蒸氣機的西式近代碼頭。並於該年４月被明治新政府買下，並於１８８７年轉由長崎製鐵廠管理，所有權屬於三菱公司。

該設施妥善利用當地地形來建造，船隻可以在這進行船底保養及維修。要拖曳船隻時，利用附設鍋爐製造出的蒸氣，驅動設置於牽引小屋的牽引裝置。這座牽引小屋是用「蒟蒻煉瓦」（※幕末至明治初期，長崎地區特有的一種建材）蓋成，為日本最古老的磚造建築物。

載放牽引船隻的船架，因為形狀看起來像算盤，這裡也常被喚作「算盤碼頭」。

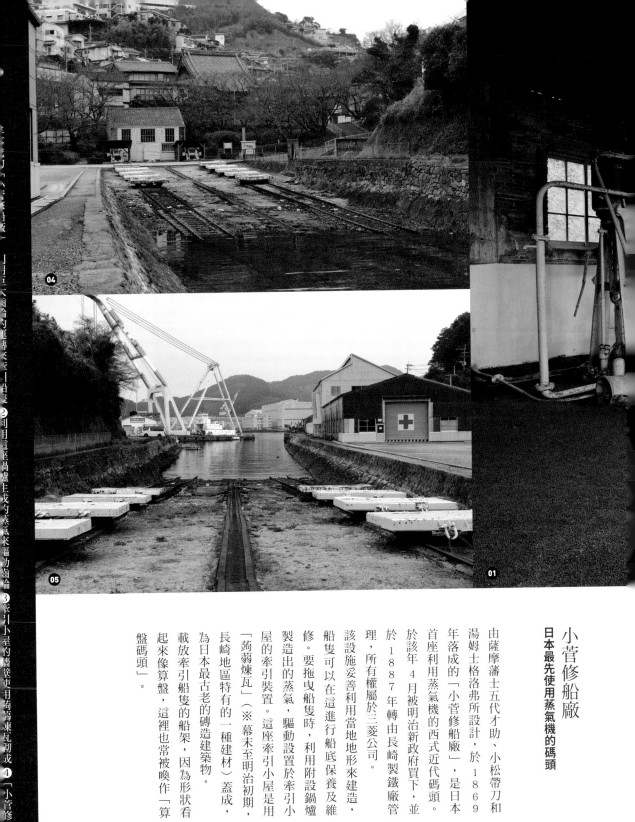

01

05

04

03

③館內擺放有高達900多件的展示品

④入口附近有三菱財團的創業者，第一代總裁岩崎彌太郎的立像 ⑤「舊木模廠（史料館）」是三菱重工業於1985年設立

舊木模廠（資料館）

館內有900多項展示品

為了將長崎造船所在日本近代化上扮演的角色留存於後世，三菱重工業在1985年成立「舊木模廠（史料館）」。

這棟建築物使用大量的紅磚瓦蓋成，並於1898年合併鑄造廠成為三菱合股公司旗下的「木模廠」，為長崎造船所現存最古老的建築物。當時，鑄件時倒入熔化金屬的鑄模原型模具，就是在這裡製造的。

現在，館內的展示品總數高達900多件，分成13處展示區。軍艦島（端島）的相關物件有，「夕顏丸」（206噸）的模型和舵輪、羅盤（攜帶型）等，另外還展示了「巨型錘頭式起重機」的電動馬達和控制器。

02

❶從長崎港南側的山區斜坡等處可以看到1905年建造的「第三碼頭」 ❷目前仍然在這裡進行渡輪和自衛隊艦艇等船舶的保養 ❸從長崎港北側的山區斜坡，可以

第三碼頭

目前唯一還在運轉的設施

從長崎港南側的山區斜坡等處可以看到「第三碼頭」，這是1905年在三菱合股公司旗下完工的設施，為長崎造船所在明治時代建造的三個碼頭當中，唯一目前還在使用的碼頭。

完工時的規模是，長222.2公尺、寬（船渠底部）27.0公尺、深12.3公尺、船隻載重噸位30000D.W.T，當時為東南亞最大的碼頭。之後，為了應付大型化的船舶，進行三次擴張工程。目前的規模為長276.6公尺、寬（船渠底部）38.8公尺、深12.3公尺、船隻載重噸位95000D.W.T，並負責渡輪和自衛隊艦艇等船舶的保養。

這項設施中有完工時所建，以英國西門子製造的發動機來驅動的排水泵浦，目前仍在運轉。

住友

占勝閣

取占盡風景名勝之意

從長崎港北側的山區斜坡可以看到「占勝閣」，這棟木造洋房建在能俯瞰第三碼頭的山丘上。

「占勝閣」於1903年動工，作為長崎造船所所長莊田平五郎的宅邸，並於隔年落成，同年海軍軍人東伏見宮依仁親王留宿於此，因其「占盡風光名勝」，故命名為「占勝閣」。

負責設計的是在英國建築師約西亞康德（Josiah Conder）底下學習西洋近代建築的曾禰達藏（1853～1937），由他一手包辦室內裝修等所有設計。

在這棟建築物的一樓，有會客室、書房和餐廳等，二樓則是臥室和大廳等。另外，在磚造地下室則設有廚房等。目前用來當作三菱重工業長崎造船所的迎賓會館。

三菱重工業相關設施觀光簡介

以上五項設施因為有助於日本產業的近代化，所以成為「明治日本的工業革命遺產 九州、山口及相關地區」的資產內容。

在軍艦島的端島煤礦和高島的高島煤礦生產的煤炭，被運往新日鐵八幡工廠等地，成為製鐵所需的原料炭。在那裡製成的鐵被送往長崎造船所等地，建造成鐵船。

如果沒有三菱財團的創辦人也是第一代總裁岩崎彌太郎（1835～1885）的話，日本的近代化或許無法走到這麼驚人的發展。

現在，雖然無法參觀「巨型錘頭式起重機」、「第三碼頭」和「占勝閣」這三項設施，卻可以從稍遠處觀看。因此，有越來越多的觀光客來參觀這些設施。

「舊木模廠（史料館）」

長崎市飽之浦町 1-1
電話：095-828-4134

公休日：週六、週日、假日及長崎造船所的休息日
門票：免費

開館時間：9:00 ～ 12:00、13:00 ～ 16:30（入館時間到16:00 為止）
欲參觀者必須事先預約

交通方式
從 JR 長崎車站前乘坐 6 號系統公車約 10 分鐘，在「飽之浦」下車走路約 5 分鐘，從「史料館門」入場

「小菅修船廠遺址」

長崎市小菅町
電話：無
公休日：無

牽引小屋內部不開放

交通方式
從 JR 長崎車站前南口乘坐 30 號系統公車（經戶町）約 15 分鐘，在「小菅町」下車走路約 1 分鐘

01

長崎產業遺產之旅——3

來去高島

江戶時代已發現煤炭

北溪井坑遺址

高島位於軍艦島（端島）北邊約2.5公里的海面上，這裡的「北溪井坑遺址」是「明治日本的工業革命遺產—九州、山口及相關地區」的資產內容之一。

1869年開挖，隔年採到煤礦的「北溪井坑」，是導入歐洲最新技術和機械挖掘成深度約43公尺的豎坑，為日本最先利用蒸氣機的西式豎坑。負責開挖的是蘇格蘭出身的創業家兼貿易家，1861年由佐賀藩和英國貿易商湯姆士格洛弗（Thomas Blake Glover）共同經營，高島引進日本首次的西式採煤法。

北溪井坑為垂直往下開採約48公尺深的豎坑

設立格洛弗商會的湯姆士格洛弗（Thomas Blake Glover，1838～1911）與佐賀藩。雖然在1876年因海水流入而廢坑，但據聞煤炭的日產量曾達300噸。目前在「北溪井坑遺址」沒有留下豎坑櫓等設施。在軍艦島第二豎坑周圍，礦坑關閉後還留有部分損毀的豎坑櫓，但這邊至少在地面上找不到這樣的遺跡。剛到這裡，會覺得就只是一口井的模樣，但「北溪井坑遺址」身為日本初期近代化的煤礦設施，是具有高度價值的遺產。在2009、2010、2012年進行的挖掘調查中，得知以豎坑遺址北邊為中心的建築物遺跡尚保存著。而且，經確認是棟可辨認出煙囪遺跡的磚造建築物。

❶從長崎半島（野母半島）遺望的高島全景。位於距長崎港14.5km處❷看起來像口井的「北溪井坑遺址」，於1876年廢坑❸掀開鐵蓋，可以看到內部情景。

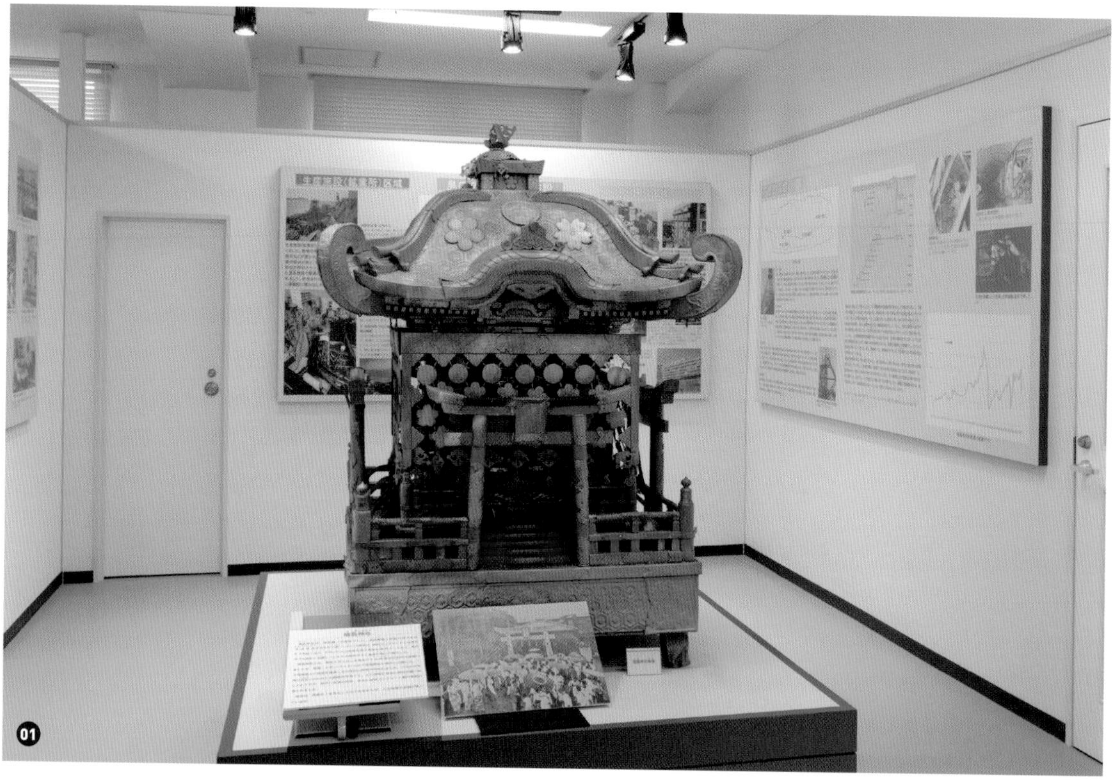
01

03

02

為了將1986年關閉的高島煤礦奇蹟留存於後世，成立市營資料館。

資料館中展示有日本最初的近代化西式採煤法等珍貴資料

04

05

高島煤炭資料館

1988年開館的「長崎市高島煤炭資料館」中，有多樣採煤所需的機械和道具等展示品。和軍艦島（端島）相關的有「夕顏丸」（206噸）的模型、羅盤、汽笛和端島神社使用的神轎等。

「夕顏丸」於1887年（明治20年）在三菱長崎造船所建造而成，是該所的第一艘鐵船。直到1962年這74年間，作為客貨船聯絡長崎～高島～端島間，和島民間的關係非常密切。在端島神社使用的神轎，展示於二樓內部的「軍艦島區」。端島神社每年4月3號會舉辦山神祭。另外，在煤炭資料館前的綠地廣場上，有1：100的軍艦島模型。

「長崎市高島煤炭資料館」是能一覽包括高島煤礦、軍艦島和中之島等三菱足跡的設施。

❶在二樓的「軍艦島區」展示有端島神社的神轎 ❷之前在高島二子第一斜坑口上，有三菱公司的標誌 ❸屋外展示有坑內的電池動力火車頭和2噸的礦車等 ❹「夕

1和「北溪井坑遺址」同樣受到矚目的「格洛弗宅邸遺址」2湯姆士格洛弗雕像面向「北溪井坑遺跡」的方位3「格洛弗宅邸」之前曾建於此處4從高台望向「格洛弗宅邸遺址」。過去曾是座小島

出生於蘇格蘭的湯姆士格洛弗也曾是高島煤礦的開發者，他在這塊土地上建有西式洋房。

雖然建築物已被拆除，但其遺址成為公園，有不少觀光客到訪。

01

02

03

04

格洛弗宅邸遺址

「格洛弗宅邸遺址」位於「北溪井坑遺址」北側，面向海岸線的小山丘上。

「格洛弗宅邸」是湯姆士格洛弗（1938～1911）居住過6年的建築物，於1868年為了開發「北溪井坑」而建。之後被用來作為三菱高島礦業所的迎賓館，但在1948年拆除。

這棟建築物內有主屋和別屋，主屋根據記載是西式洋房。和「北溪井坑遺址」一樣，為幕府末期到明治時期日本的煤礦產業近代化帶來貢獻。

現在，在小山丘上建有湯姆士格洛弗的雕像。另外還有經確認是蒟蒻煉瓦建物的遺跡。

成為觀光景點的「格洛弗宅邸遺址」，距離「北溪井坑遺址」很近，吸引很多觀光客乘坐接駁巴士前來參觀。

身為建築物遺產，高島雖然不像軍艦島（端島）般令人震撼，但仍留下有助於了解近代化採煤成功，讓明治日本躍然前進的遺產。

參觀明治日本的產業革命遺產

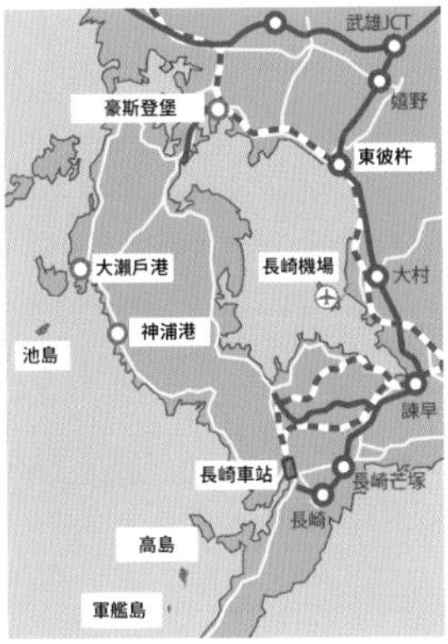

北溪井坑遺址

長崎市高島町 99 番地 1
電話：無
自由參觀

從高島港走路約 30 分鐘
乘坐接駁公車在「本町」下車即到

聯絡處
長崎市經濟局文化觀光部 文化財課
電話：095-829-1193

格洛弗宅邸遺址

長崎市高島町 1
電話：無
自由參觀

從高島港走路約 30 分鐘
乘坐接駁公車在「本町」下車走路 5 分鐘

聯絡處
長崎市建設局都市計畫部 綠地課
電話：095-829-1171

長崎市高島煤礦資料館

長崎市高島町 2706 番地 8
電話：095-896-3110（高島行政中心）
門票：免費

開館時間：9:00 ～ 17:00
休館日：12 月 29 號～ 1 月 3 號
從高島港走路約 2 分鐘

聯絡處
長崎市經濟局文化觀光部 文化財課
電話：095-829-1193

和軍艦島密不可分的人們

對軍艦島產煤時期的滿腔記憶與記錄。

曾經是日本最重要的能源，被稱作「黑色鑽石」的煤炭實物，由敘說軍艦島歷史的第一把交椅坂本道德先生來展示！

推動軍艦島
成為世界遺產 NPO 法人協會
官方網站
http://gunkanjima.hayabusa-studio.com

一開始是推動世界文化遺產登錄的活動，現在也會寫下對軍艦島的記憶，以便流傳於後世。

為了讓軍艦島成為「未來遺產」保存下來，坂本道德先生持續推動世界文化遺產登錄。除了執筆軍艦島相關著作外，也擔任軍艦島觀光船的導覽人員。

產自軍艦島的煤炭據說為日本最佳品質。

「黑色鑽石」的島嶼記憶

「推動軍艦島成為世界遺產ＮＰＯ法人協會」的理事長坂本道德先生，為了讓軍艦島（端島）能夠名列聯合國教科文組織的世界文化遺產，長年來不遺餘力地奔波推動。坂本先生的事務所內，有「軍艦島的煤炭」。這是關閉煤礦時送給相關人員的紀念品，坂本先生於十多年前取得。礦場關閉至今，已經過了四十餘年，即便走在島嶼東部的礦業所附近，也找不到這麼大的煤炭。因此，能夠親眼見到產自軍艦島的煤炭實物，相當令人驚訝。

太市壽司（長崎縣長崎市）

這家店的老闆是木本太市，他一直到高中畢業前都在軍艦島的日薪公司宿舍「員工餐廳」（18號棟1樓）幫忙。這家店聚集了熱愛軍艦島的人們，經常門庭若市。木本先生的

熱愛軍艦島的人們齊聚之處

不僅提供當季海鮮，還可以聽老闆述說軍艦島的回憶

「玉子燒」中有包飯！

「長崎握壽司」中也有「白鐵火捲」！

還有多種長崎酒類

入口即化的「醋漬鯖魚」（左）和「炙烤竹筴魚」

坐在吧檯區可以和當地人聊得很盡興

父親，長久以來經營「員工餐廳」直到1974年關閉礦坑為止。

木本先生堅持使用來自長崎的新鮮漁獲，每天在築町市場採購精選海鮮。像是鯛魚、比目魚、黃條鰤魚、白帶魚、鱸魚、竹筴魚和章魚等，每一種都非常新鮮。使用對馬名產銀太（白帶魚）炙烤而成的「銀太壽司」和使用長崎名產生烏魚子做成的「軍艦壽司」，或是用黃條鰤魚做成的「白鐵火捲」，都是當地人相當喜愛的菜色，請一定要嘗嘗看。

另外，不僅是本地海鮮，木本先生也堅持選用當地酒類（燒酎、日本酒）。店內備有壹岐娘、五島灘、霧冰（燒酎）、六十餘洲和杵之川（日本酒）等酒。

一邊熱烈談論軍艦島話題，一邊大啖新鮮海產，彷彿穿越時空回到昔日的軍艦島上。

■從長崎市電西濱町車站走路約1分鐘（沒有停車場）
■營業時間：17點～凌晨2點（凌晨1點30分為最後點餐時間）
■公休日：每週日
■用餐金額：4000日圓～
■長崎縣長崎市銅座町5-16
■ TEL:095-826-2744

軍艦島登島觀光船的簡介

登上夢幻的巨大產業遺產島

目前經營軍艦島登島觀光的公司有五家。雖然行程內容大致相同，但無論是費用、路線和出港時間，還是觀光船上的專屬導遊、特別優惠等，每家特色各異。報名前可以先比較參考各家公司的網頁或宣傳單，找出適合自己的登島行程！

公司名稱	船名	出港時間｜地點	乘船費用	聯絡處
軍艦島 Concierge	Mercury 號（乘船人數 130 人） 疾風 2 號（乘船人數 45 人） ※ 疾風 2 號是包船制	10:40 ／ 14:00 常盤棧橋	◎平日 成人：3,600 日圓／國高中生：2,900 日圓 小學生：1,700 日圓／小學以下：800 日圓 ◎週末假日、暑假（7/20 ～ 8/31）、寒假（12/23 ～ 1/7）、春假（3/20 ～ 4/7）成人：3,900 日圓／國高中生：3,100 日圓／小學生：1,900 日圓／小學以下：1,000 日圓 ※ 有團體優惠價 ◎包船價格 Mercury 號 週末假日：500,000 日圓／平日：400,000 日圓 疾風 2 號 90,000 日圓	Universal Workers 長崎縣長崎市常盤町 1-60 常盤港務大樓 102 號 TEL：095-895-9300 http://www.gunkanjima-concierge.com/

公司名稱	船名	出港時間｜地點	乘船費用	聯絡處
Yamasa 海運	Marbella 號（乘船人數 225 人） Marbella 3 號（乘船人數 221 人）	09:00 ／ 13:00 長崎港（大坡止）港務大樓	成人（12 歲以上）：4,200 日圓 ※ 有團體優惠價（國高中生有家庭折扣）／ 兒童（6 歲以上～未滿 12 歲）：2,100 日圓 ※ 有團體優惠價 ※ 不登島（只坐船航行）時退 10% 票價	長崎縣長崎市元船町 17-3 長崎總站港務大樓 1 樓 7 號窗口 TEL：095-822-5002 http://www.gunkan-jima.net

公司名稱	船名	出港時間｜地點	乘船費用	聯絡處
軍艦島 Cruise	黑色鑽石號（乘船人數 190 人）	09:40 元船棧橋（伊王島 10:05）／ 14:00 元船棧橋（伊王島 14:25） ※ 可從伊王島上船 ※ 中途會在高島參觀煤炭資料館等	成人（國中生以上）：3,100 日圓 兒童（4 歲～小學生）：1,600 日圓 ※ 有團體優惠價 ※ 最少成團人數為 15 人	長崎縣長崎市元船町 11-22 TEL：095-827-2470 http://www.gunkanjima-cruise.jp

公司名稱	船名	出港時間｜地點	乘船費用	聯絡處
SheenMan 商會	Sakura 號（乘船人數 45 人）	10:30／13:50 常盤 2 號棧板 ※ 網路上有折價券	成人：3,900 日圓／國高中生：3,100 日圓 兒童：1,900 日圓 ※ 網路上有折價券	長崎縣長崎市旭町 27-26 TEL：095-818-1105 http://www.gunkanjima-tour.jp

公司名稱	船名	出港時間｜地點	乘船費用	聯絡處
馬場廣德	Island 號（乘船人數 20 人）	隨時 野母崎海的健康村前棧橋	5 人以內 10,000 日圓 每增加 1 人多 2,000 日圓	長崎縣長崎市高松町 3960 TEL：095-894-2039／090-8225-8107 http://www.7ebisumaru.com

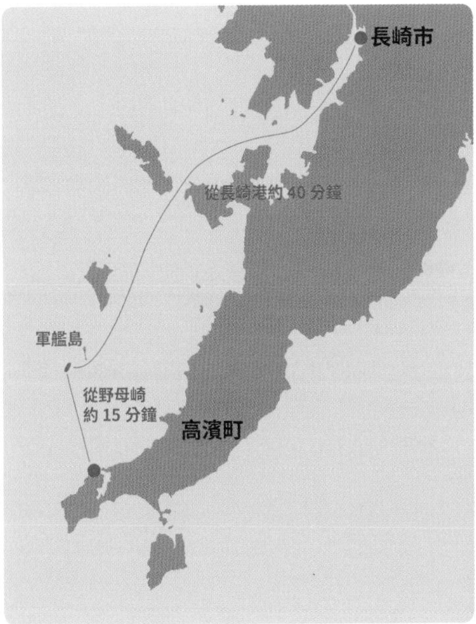

為了享有愉快的行程，必做的兩項重點檢查！

Point ①服裝／隨身物品

女性的話，不可以穿高跟鞋等鞋子登島，涼鞋、拖鞋、夾腳鞋也一樣不行，最好穿運動鞋等行動方便的鞋子。軍艦島上禁止撐雨傘或陽傘，下雨時請攜帶雨衣。另外，夏季的軍艦島陽光強烈，對女性而言防曬霜和帽子都是必需物品。如果擔心暈船，可以事先服用暈船藥。

Point ②天氣

軍艦島的行程很容易受到天氣左右，如果浪高和風速超過標準值就不能登島。另外，即便量測值沒問題，只要船長判斷不能登島就不可以上去。無論如何，以參觀者的安全為第一優先。雖然每個季節都有出團，但梅雨季節容易遇上風浪強大的狀況，最好避開。雖說日本黃金週或11月下旬的第一週是「最佳時刻」，但最好事先選定候補時間。

POINT!

※ 參加軍艦島行程，必須事先在登島的「約定文件」上簽名（小學生、學齡前兒童一定要有監護人的「同意書」）。另外，須另行支付設施使用費（入場費）（成人 300 日圓、兒童 100 日圓）。書中記載的資訊為 2015 年 4 月 1 號的情況。報名參加行程時請務必事先確認。

軍艦島登島參觀行程

親身感受煤礦都市的歷史，60分鐘的時光之旅！

住宅高樓林立是軍艦島的最大魅力，可惜無法近距離參觀。即便如此，還是可以從眼前這些雄偉的產業遺跡，親身感受過往的浪漫與懷舊風情。

礦坑關閉時的建築物平面配置圖

※數字代表建築物名稱（號棟）

行程結束後會拿到「軍艦島登島紀念證明書」。不是每間公司都會發，須事先詢問確認。

登上軍艦島時必須持有軍艦島的參觀設施使用券

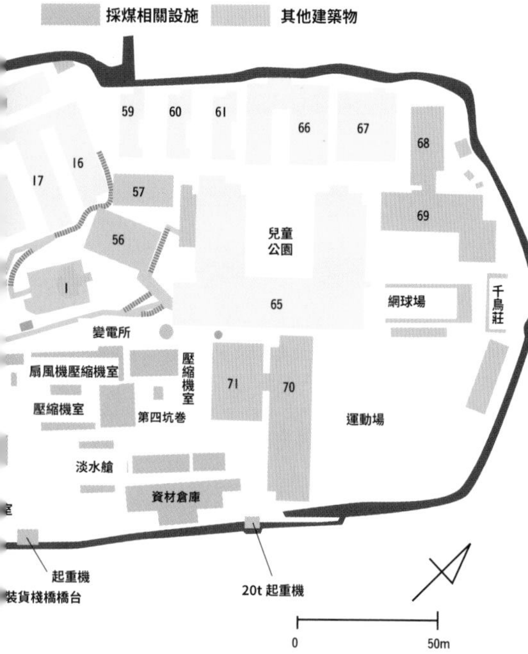

① 第一參觀區的觀光點

❶登島後，矗立在第一參觀區前方的護牆。可以看到頂端的員工宿舍 ❷往北邊可以看到儲煤場的支柱，對面是端島國中小學（70號樓）的校舍

登島時的重要禁止事項

①禁止進入參觀設施區以外的場所②禁止跨越柵欄、破壞設施及帶走島內文物③島內禁止喝酒及吸菸④其他，如遵照安全指揮人員、工作人員的指揮和指示。遵守不造成其他觀光客的麻煩、必須將垃圾帶走等規定

③ 第三參觀區的觀光點

❶通道左邊有游泳池的遺跡。由上面畫的水道分隔線（白色虛線）得知 ❷第三參觀區的觀光重點是建於 1916 年（大正 5 年），日本最古老的鋼筋混凝土公寓 30 號棟

② 第二參觀區的觀光點

❶第二參觀區可以看到礦業場的設施遺跡 ❷建於明治時代的紅磚第三豎坑捲座遺跡（綜合事務所）。右邊看到的是第二豎坑棧橋 ❸「天川的護岸」。明治時代，建造擴張工程的護岸時，使用名為天川的黏著劑來堆疊石塊的工法 ❹日本最早的海底水管工程就在軍艦島上。海底水管的進出口正是歷史遺產

※ 軍艦島的島內地圖是參考長崎市的官方觀光網站「啊！長崎」及「走訪長崎」（一般社團法人長崎國際觀光協會）發行的宣傳手冊所繪製。

INDEX

軍艦島的建築物／設施

殘留在 23 號棟泉福寺遺址的地藏王菩薩像

位於 8 號棟一樓的公共澡堂

設有旅館和酒吧的 25 號棟

被稱作「中央住宅」的 14 號棟

日本最古老的鋼筋混凝土建築 30 號棟

日薪公司宿舍
（16 號棟～ 20 號棟）的高樓建築群

位於 1 號棟的端島神社

設有端島郵局的 31 號棟

一樓設有派出所的 21 號棟（照片中央）

作為職員宿舍的 2 號棟

50 號棟內有電影院「昭和館」

設有高島町公所端島分所的 22 號棟

作為高階職員公寓的 3 號棟

教職員宿舍千鳥莊

興建 68 號棟作為隔離病房

留在 51 號棟某處的音響

成為明治時代遺跡的第三豎坑捲座遺跡

端島醫院（69 號棟）手術室內的無影燈

島內最大的建築物 65 號棟（「報國寮」）

留在礦業所遺址的多爾濃泥機和輸送帶支柱

擁有七層樓巨大校舍的端島中小學（70 號棟）

67 號棟外設有稱作「X 樓梯」的室外樓梯

礦坑關閉時的建築物平面配置圖

※ 數字代表建築物名稱（號棟）

INDEX

軍艦島相關設施

三菱重工業長崎造船所——1

「明治日本的工業革命遺產—九州、山口及相關地區」的資產內容中有五項為三菱重工業長崎造船所擁有。位於工廠內的有第三碼頭、巨型錘頭式起重機、舊木模工廠和占勝閣，小菅修船廠遺址則位於長崎港的對岸。

01

03

04

02

格洛弗園（舊格洛弗宅邸）——2

將分散於長崎市內各地的明治時期洋房移建至格洛弗園並修復。從高島煤礦和小菅修船廠開始，為日本產業近代化帶來諸多貢獻的湯姆士格洛弗，其舊宅據說是日本最早的木造洋樓。

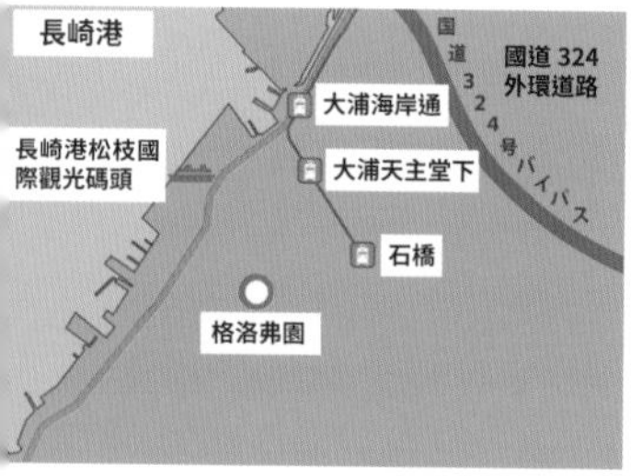

01

02

三菱重工業長崎造船所——①從1985年（昭和60年）起，作為史料館被保存沿用的舊木模場②俯瞰三菱長崎造船所第三碼頭，建於南山手丘上的木造洋房占勝閣
③巨型錘頭式起重機是日本首先設置的最新式電動起重機④小菅修船廠遺址俗稱「算盤碼頭」，為西式滑道碼頭。
格洛弗園（舊格洛弗宅邸）——①舊格洛弗宅為寄棟式（廡殿式）棧瓦葺屋頂，附陽台的木造洋樓②可以感受到明治時代氛圍的住宅內部情景

池島煤礦——3

池島煤礦為「九州最後的煤礦」，作業至２００１（平成13年）年11月才停工。島上有保留昔日景致的礦業所設施和住宅，而且還有礦坑內的參觀行程，能夠親身感受在全盛時期，島上有八千位居民生活的真實情景。

前往池島煤礦的交通方式

從神浦港航行的船班有一天五班的小型船「進榮丸」（12 名乘客）、一天一班的渡輪「KASHIMA」（約 120 名乘客）和一天一班的高速船「REPIDO 2」（約 90 名乘客）。另外，「KASHIMA」可以載送車輛過港。
從大瀨戶港航行的船班有一天六班的渡輪「KASHIMA」和一天一班的高速船「REPIDO 2」
從佐世保港航行的船班有一天兩班，可乘坐約 240 名乘客的高速船「EXCEL」（上午班次）和「REPIDO 2」（下午班次）。

聯絡處
西海沿岸商船（高速船 & 渡輪）
TEL：0956-24-1004（代表號）（佐世保總公司）
TEL：0959-22-0649（瀨戶大瀨戶營業所）
TEL：0959-26-0120（池島橫川代理店）

新榮丸
TEL：0959-24-0211（外海行政中心）
TEL：090-4513-4983（船主）

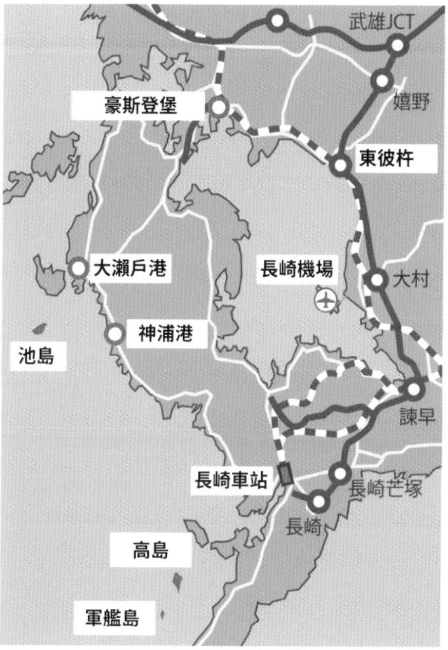

池島煤礦——❶將煤製品放到輸送帶上以便裝船的懸臂式起重機❷1967年（昭和42年）完工的第一豎坑櫓

高島煤礦——4

高島（１６９５年）比軍艦島更早發現煤炭。１８６８年（明治元年）起開採的北溪井坑，導入日本最先的近代化採煤技術。在島的北端留有和佐賀藩攜手開發高島煤礦，湯姆士格洛弗的別宅遺跡。

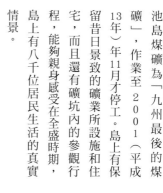

一起來 玩014

前往軍艦島！

海上都市廢墟×長崎產業遺產×日本不思議絕景之旅

作者 酒井 透
譯者 高詹燦、郭欣惠
譯者 黑澤友莉（海報年表與建物配置圖）
美術設計 廖韡
責任編輯 蔡欣育
製作協力 楊惠琪、The Midclik
企畫選書 蔡欣育
出版經理 曾祥安
社長 郭重興
發行人兼出版總監 曾大福

出版 一起來出版
發行 遠足文化事業股份有限公司
www.sinobooks.com.tw
23141新北市新店區民權路108-2號9樓
客服專線 0800-22102
傳真 02-86671851
郵撥帳號 19504465
戶名 遠足文化事業股份有限公司
法律顧問 華洋法律事務所 蘇文生律師

初版一刷 2015年11月 定價 360元

國家圖書館出版品預行編目(CIP)資料

前往軍艦島!海上都市廢墟 × 長崎世界遺產 × 日本不思議絕景之旅 / 酒井透作 ; 高詹燦, 郭欣惠譯. -- 初版.
-- 新北市 : 一起來出版 : 遠足文化發行, 2015.11
面 ; 公分
譯自 :
ISBN 978-986-90934-9-1(平裝)

1.旅遊 2.日本九州 731.789 104020866

軍艦島に行く—
日本最後の絶景

蒼涼迷人，廢墟界必朝聖地「軍艦島」，
終得一窺神秘全貌。

曾經世界最大人口密度的都市，
如今是杳無人煙的荒涼廢墟。

一見到眼前已成廢墟的建築物，與其說是過去的遺跡，更讓人有種「這就在不遠的未來吧」這樣的錯覺。

讀者線上回函專用QRcode

昭和三十四年（一九五九）——這年，人口五千二百五十九人

昭和三十七年（一九六二）——現靠船墩棧橋完成

野母商船航運開始（長崎港大波止棧橋～端島）

昭和三十八年（一九六三）——開始看到綠化運動的徵兆。園藝同好的有志人士、各地區兒童會等，從高島搬運土壤，

利用屋頂、空地建造花壇和溫室等

昭和三十九年（一九六四）——因為瓦斯燃燒、下部區域淹水放棄

員工由一千五十六人減少為五百二十四人

從前年度人口四千八百一十三人減少為三千三百九十一人

昭和四十年（一九六五）——三之瀨區域的採碳開始

昭和四十四年（一九六九）——自三菱礦業石炭部門分離，自十月一日起，展開三菱高島炭礦股份有限公司

昭和四十九年（一九七四）——自一月十五日起閉山，四月二十日離島完成

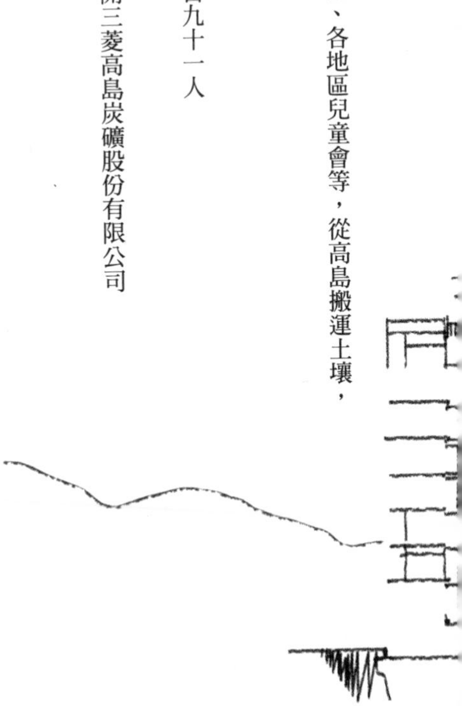

軍·艦·島·索引

●建築物名稱	●建設年代	●構造．樓層數	●建築物用途
01號棟	昭和11(1936)	木造1F	神社
02號棟	昭和25(1950)	鋼筋混凝土造3F	職員公寓
03號棟	昭和34(1959)	鋼筋混凝土造4F	職員公寓
05號棟	昭和25(1950)	木造2F	礦工長社宅
06號棟	昭和11(1936)	木造2F	職員共同宿舍
07號棟	昭和2(1953)	木造2F	職員俱樂部
08號棟	大正8(1919)	鋼筋混凝土+木造3F	共同浴場1F+職員社宅
12號棟	昭和2(1927)	木造3F	職員社宅
13號棟	昭和40(1965)	鋼筋混凝土造4F	公營住宅(公務員用)
14號棟	昭和16(1941)	鋼筋混凝土造5F	中央社宅(職員)
16號棟	大正7(1918)	鋼筋混凝土造9F	礦工社宅
17號棟	大正7(1918)	鋼筋混凝土造9F	礦工社宅
18號棟	大正7(1918)	鋼筋混凝土造9F	礦工社宅
19號棟	大正7(1918)	鋼筋混凝土造9F	礦工社宅
20號棟	大正7(1918)	鋼筋混凝土造7F	礦工社宅
21號棟	昭和29(1954)	鋼筋混凝土造5F	礦工公寓
22號棟	昭和27(1952)	鋼筋混凝土造5F	公家機關1F+公營住宅(公務員)
23號棟		木造2F	社宅1F+寺廟2F(泉福寺)
25號棟	昭和6(1931)	鋼筋混凝土造5F	值班所2F+職員社宅
26號棟		組合式2F	下包作業員餐廳(舊船頭小屋)
30號棟	大正5(1916)	鋼筋混凝土造7F	社宅(下包商)
31號棟	昭和32(1957)	鋼筋混凝土造6F	礦工公寓
39號棟	昭和39(1964)	鋼筋混凝土造3F	公民館
48號棟	昭和30(1955)	鋼筋混凝土造5F	礦工公寓

層數	●建築物用途
	電影院(昭和館)
造8F	礦工社宅
造3F	職員社宅
造4F	地下底層架空柱商店+礦工社宅
造5F	礦工社宅 地下販賣所
造5F	礦工社宅 地下共同浴場
造5F	礦工社宅 地下販賣所
造9F	礦工社宅 屋頂幼稚園
造4F	礦工社宅
造4F	礦工共同宿舍
造2F	隔離病棟
造4F	醫院
造7F	中小學
造2F	體育館

軍艦島！

文化七年（一八一〇）——發現炭礦

明治三年（一八七〇）——天草人小山某著手進行開礦。（岩崎彌太郎設立九十九商會）

明治十五年（一八八二）——所有權歸鍋島藩深堀領主鍋島孫太郎

明治二十年（一八八七）——著手開挖第一豎坑（當時礦工日薪二十五～五十錢）

明治二十三年（一八九〇）——三菱社購買端島炭礦

明治二十四年（一八九一）——設置蒸餾水機，配給飲用水予各戶（也進行製鹽）

明治二十六年（一八九三）——設立私立（社立）尋常小學

明治二十七年（一八九四）——中日甲午戰爭開始

明治二十九年（一八九六）——舊第二豎坑完成

明治三十年（一八九七）——舊第三豎坑完成
開始第一次填拓（填海造地）
（八幡製鐵所開業）

明治三十八年（一九〇五）——因颱風造成南部、西部損壞，員工住宅有三十八戶被沖走

明治四十年（一九〇七）——高島、端島之間的海底電線完成
第五次填拓（填海造地）

明治四十三年（一九一〇）——日韓合併

大正三年（一九一四）——第一次世界大戰爆發

大正五年（一九一六）——日本最早的鋼筋混凝土公寓（三十號棟）建設開始

大正七年（一九一八）——九樓高鋼筋混凝土公寓（十六～二十號棟）建設
高島二子交流發電所開始經由海底電線將電力輸送到端島坑內外

大正十年（一九二一）——因為端島形似軍艦「土佐號」，《長崎日日新聞》便以「軍艦島」的名稱向外界介紹

大正十一年（一九二二）——上陸棧橋（塔式起重機式）完成

大正十二年（一九二三）——第四豎坑完成，著手上部的採掘（關東大地震）

大正十四年（一九二五）——南部遭遇颱風災害（同潤會最初鋼筋混凝土公寓中之鄉，竣工）

大正十五年（一九二六）——（同潤會、青山、柳島第一期公寓，竣工）

昭和二年（一九二六）——昭和館開館

昭和五年（一九二七）——西海岸因颱風遭到破壞

昭和六年（一九二八）——夕顏丸號由若松營業所回送，之後成為社船運航第六次填拓（填海造地）

昭和七年（一九二九）——給水船三島丸下水儀式使用馬匹的坑內搬運工作改以輸送帶搬運

昭和八年（一九三〇）——禁止女性在礦坑內的勞動

昭和十年（一九三五）——高島、端島廢止製鹽事業

昭和十二年（一九三七）——二十號棟的屋頂設立社立幼稚園

昭和十三年（一九三八）——電話通信開通

昭和十四年（一九三九）——朝鮮人勞工以礦工的身分展開集團移住
管制能源資源，石炭石油採取配給制度
（第二次世界大戰爆發）

昭和十六年（一九四一）——創下年產四十一萬一千一百噸的最高出炭紀錄

昭和十七年（一九四二）——第二豎坑口發生火災

昭和十八年（一九四三）——廢止坑內勞動時間限制令，坑內勤務時間約十二至十五小時
第二豎坑發生纜繩斷裂事故

昭和十九年（一九四四）——建設報國寮（六十五號棟）
修正第二豎坑櫓的歪曲

昭和二十年（一九四五）——二子發電廠受到美軍空襲，淹水至二坑底坑道
（長崎被投擲原子彈，戰爭結束）

昭和二十一年（一九四六）——端島勞動公會組成
決定以炭礦為對象的特別物資

昭和二十二年（一九四七）——實施社宅分配點數入舍制度
架設公共電話

昭和二十三年（一九四八）——認可高島、端島兩礦區的分割
這年，人口急增至四千五百二十六人

昭和二十四年（一九四九）——高濱村立端島幼稚園開始（泉福寺）
電影《無綠之島》（松竹映畫）向全國介紹端島

昭和二十九年（一九五四）——第一次靠船墩棧橋完成
進行海底水道鋪設工作

昭和三十一年（一九五六）——南部岸壁、靠橋墩棧橋、端島游泳池遭到颱風破壞

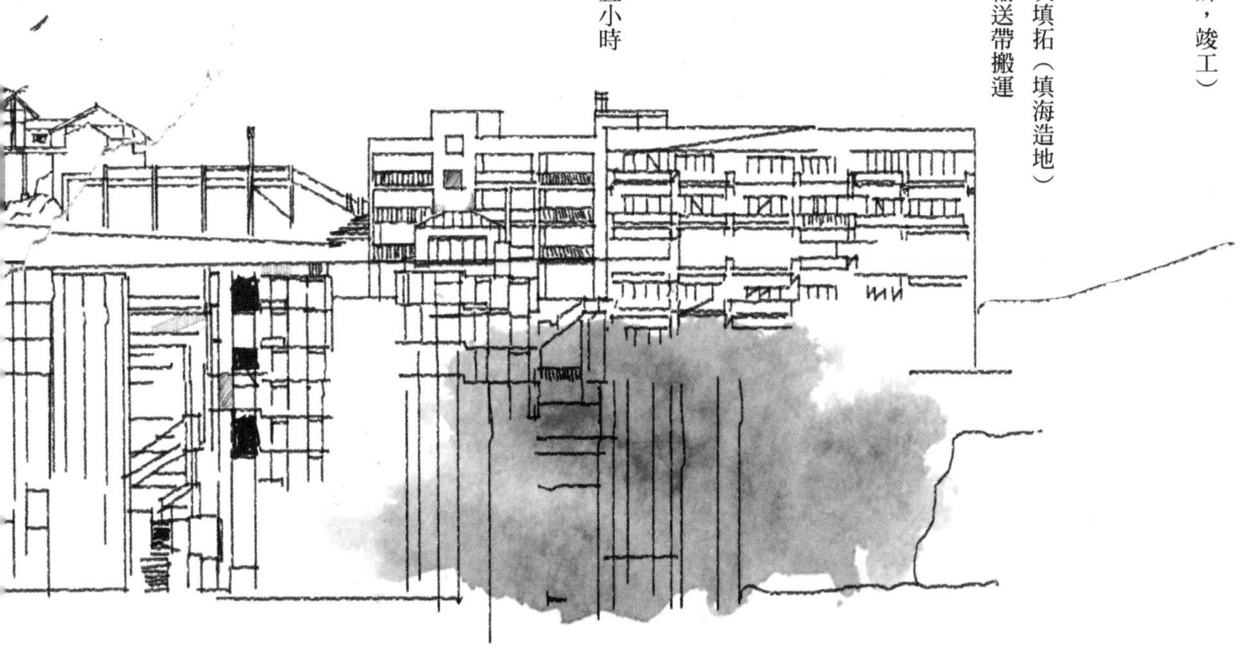

軍艦島に行く

日本最後の絶景

海上都市廢墟×長崎產業遺產　日本不思議絕景之旅

日本最古鋼筋混凝土建築｜電視普及率日本第一｜日本最早的屋頂農園｜2009年登島禁制令解除｜2015年世界文化遺產登錄｜世界人口密度最高 · 東京人口九倍

往軍艦島，體驗它的獨特魅力。《進擊的巨人》真人版電影的拍攝地點，電影《007空降危機》參考後造景，

訪軍艦島，來趟科幻之旅，讓自己置身在超越時空的夢幻異域中。

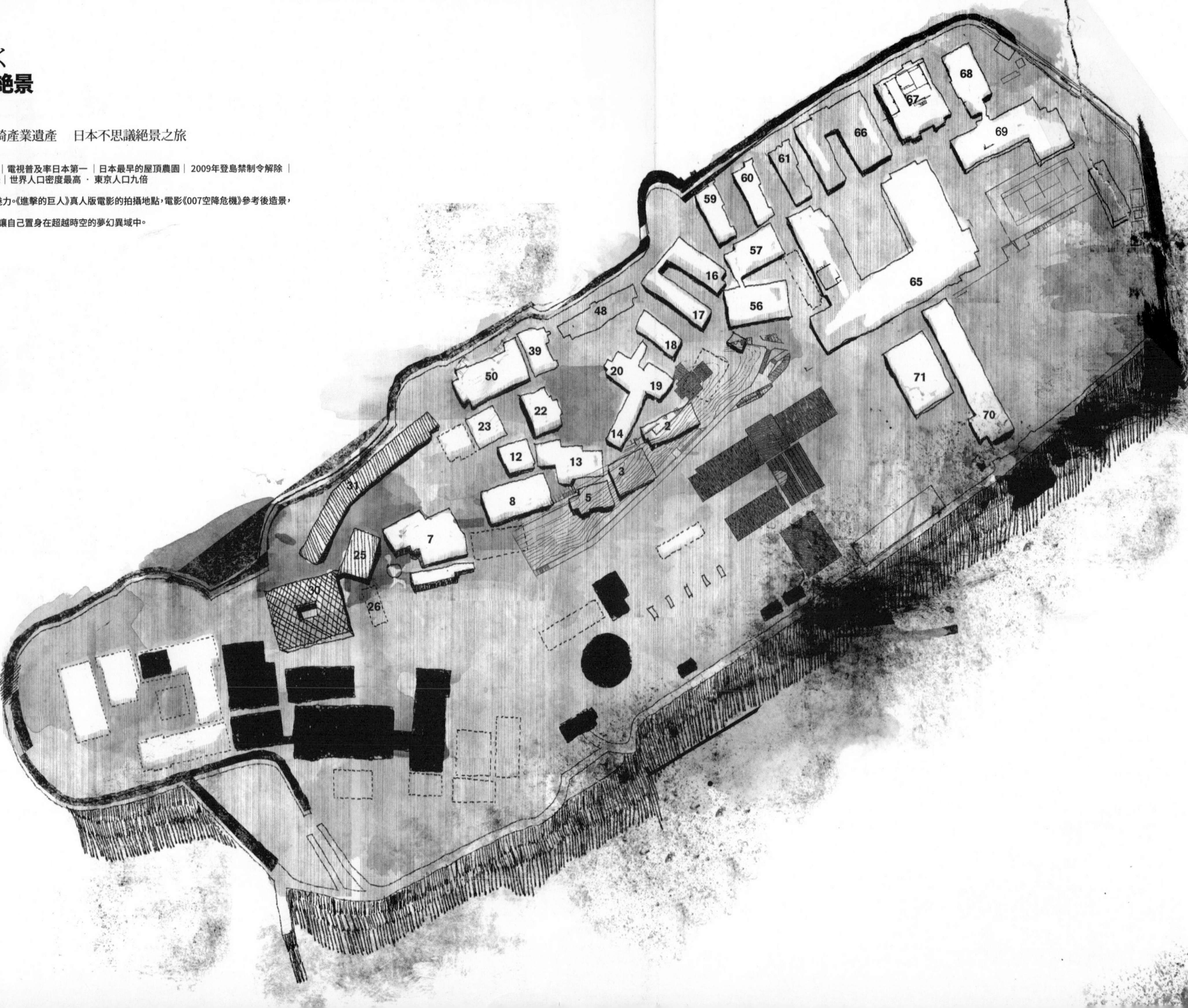

●建築物名稱	●建設年代
50號棟	昭和2(1927)
51號棟	昭和36(1961)
56號棟	昭和14(1939)
57號棟	昭和14(1939)
59號棟	昭和28(1953)
60號棟	昭和28(1953)
61號棟	昭和28(1953)
65號棟	昭和20(1945)
66號棟	昭和15(1940)
67號棟	昭和25(1950)
68號棟	昭和33(1958)
69號棟	昭和33(1958)
70號棟	昭和33(1958)
71號棟	昭和40(1970)